Censurée

L'enfer France Télécom

ELECTRONS-LIBRES

Mot de l'éditeur

Evidence Editions a été créée dans le but de rendre accessible la lecture pour tous, à tout âge et partout. Nous accordons une grande importance à ce que chacun puisse accéder à la littérature actuelle sans barrière de handicap. C'est pourquoi nos ouvrages sont disponibles en format papier, numérique, dyslexique, malvoyant, braille et audio.

Tout notre professionnalisme est mis en œuvre pour que votre lecture soit des plus confortables.

En tant que lecteur, vous découvrirez dans nos différentes collections de la littérature jeunesse, de la littérature générale, des témoignages, des livres historiques, des livres sur la santé et le bien-être, du policier, du thriller, de la littérature de l'imaginaire, de la romance sous toutes ses formes et de la littérature érotique.

Nous proposons également des ouvrages de la vie pratique tels que : agendas, cahiers de dédicaces, Bullet journal, DIY (Do It Yourself).

Pour prolonger le plaisir de votre lecture, dans notre boutique vous trouverez des goodies à collectionner ainsi que des boxes livresques disponibles toute l'année.

Ouvrir un livre Evidence, c'est aller à la rencontre d'émotions exceptionnelles.

Michèle Arnaud

Censurée

L'enfer France Télécom

Couverture : **Maïka**

Publié dans la **Collection Electrons-Libres**

ÉVIDENCE EDITIONS

L'espoir meurt quand on ne peut plus conjuguer le verbe être au futur...
À la mémoire de ceux que le système a contraints à partir...

Prologue

Ce matin, j'entends l'annonce du procès des dirigeants de France Télécom qui ont conduit certains de mes anciens collègues au suicide.

Les journalistes parlent de souffrance au travail, d'inadaptation, voire de constitution de dossiers visant à indemniser les familles des victimes… Des mots…

C'est faire injure à la mémoire de ces hommes et de ces femmes que d'évoquer de manière aussi réductrice le calvaire qui les a détruits.

J'ai vécu cette déconstruction, sans aller jusqu'à me détruire, ficelée que j'étais à la vie pour de multiples raisons que je vais expliquer.

Pardon aux lecteurs, de revenir sur ce que furent mon enfance, mon adolescence, une partie de ma vie de femme. Ces périodes de vie ont contribué à forger ma personnalité, à me faire ce que j'étais à l'époque des faits. Je suis toujours ce que je suis, je suis faite comme ça… À la fois forte et désarmée face aux rebondissements du destin.

Ce préalable est nécessaire à la compréhension de mon parcours professionnel que je réduis aujourd'hui à une ascension forcenée conclue par une dégringolade piteuse. Deux facteurs concomitants ont décidé de ma chute : mon statut de femme et la restructuration de France Télécom à ses débuts et déjà menée sans aucune humanité.

Au milieu de tout cela, il y a eu un désert à traverser, dans lequel j'ai marché sans béquille et sans protection, avec seulement la conscience de n'être plus rien.

Plus la marche est haute et difficile à atteindre, plus la chute est dure…

Chapitre 1

Jusqu'en 1988, les services des Postes et des Télécommunications fonctionnèrent conjointement sous le sigle PTT, au sein d'une administration d'État.

À cette date, ils se scindèrent. Les Télécommunications devinrent une société de service public et prirent le nom de France Télécom. La poste suivit en 1991.

La première conséquence de cette transformation d'un organisme d'État en société de service public toucha le personnel. Embauchés jusqu'alors sous statut de fonctionnaire, les anciens durent côtoyer les nouveaux, embauchés sous statut de droit privé.

Les premiers, souvent qualifiés de petits travailleurs tranquilles, de ronds-de-cuir en arrêt sur leur montre ou sur l'horloge de bureau ; les seconds, en principe dynamiques et compétents.

Les premiers, censés attendre sereinement sur leur chaise ou dans un fauteuil que l'heure de la retraite sonne ; assurés d'un avancement au mérite et à l'ancienneté – plus souvent à l'ancienneté qu'au mérite –, grâce à une multitude d'échelons et de grades. Avancement limité certes, mais suffisant en matière de considération et de répercussions monétaires, pour qui préférait la tranquillité à l'agitation.

Les seconds, obligés de cravacher pour garder leur emploi, accéder à une fonction supérieure, être mieux payés.

Malheureusement, les performances de ces derniers servaient de mètre étalon pour tous.

Les objectifs de rendement, alliés à de nouvelles technicités que les fonctionnaires avaient du mal à s'approprier, le management, donnée nouvelle qui succédait aux termes d'encadrement ou d'organisation de connotation plus bonhomme, creusaient l'écart entre l'avant et l'après, entre le temps du service public et celui de la préprivatisation, entre les anciens et les nouveaux.

Si les nouveaux se mettaient vite à la page, les anciens pour la plupart ramaient, empêtrés dans leurs incapacités et leur nostalgie ; ils vivaient un calvaire.

Si à l'humiliation d'être devenu un « inadapté », à la culpabilité qu'elle ne manque pas d'engendrer, à la perte de dignité au regard des collègues, des amis, de la famille viennent s'ajouter les pressions des managers rémunérés par des primes ou du prestige pour pousser ces indésirables vers la sortie, on peut comprendre qu'ils décident de mourir pour que le cauchemar cesse.

Ce ne sont ni les collègues, anciens ou nouveaux, de ces désespérés qui cédèrent aux sirènes du désespoir, ni même leur encadrement immédiat chargé d'appliquer des directives parachutées par leur propre hiérarchie qui sont responsables de leur mort ; leur protestation, même encadrée et relayée par les organisations syndicales et elle le fut parfois, n'aurait rien changé. Les vrais responsables sont les têtes pensantes du ministère qui doivent en rendre compte : aux femmes, aux enfants, aux familles des disparus, à la société. Leur culpabilité ne réside pas dans le fait d'avoir décidé de transformer un service d'État figé en une entreprise moderne et performante, mais de l'avoir fait sans prendre en compte son capital humain.

La seule révélation de la création, au sein de la nouvelle structure, de stages de managers, qu'on formait aux processus d'exécution des inadaptables est tout simplement odieuse. Ils y apprenaient les « schémas de courbes de deuil ». En voici les étapes :

– annonce de la mutation,

– refus de comprendre,

– résistance,

– décompression.

Je connais, pour en avoir bénéficié, dans d'autres circonstances et pour d'autres buts, la superficialité de ces formations dispensées au sein de France Télécom en matière de psychologie et de ressources humaines, très éloignées des longs cursus universitaires. Elles se résumaient à deux ou trois stages d'une semaine, par groupes de vingt « séminarisés », dans une résidence aux prestations très correctes et la messe était dite. Nous étions labellisés experts en psychologie.

C'est à ces « experts » que l'organisation confiait la charge d'évincer en douceur les indésirables.

Dans le meilleur des cas, si la victime se résignait à « décompresser », on la casait sur un nouveau poste pour lequel elle n'avait généralement ni enthousiasme ni compétence, mais auquel elle devrait s'adapter bon gré, mal gré.

Si, dans l'incapacité de décompresser, elle déprimait, restait la possibilité de la persuader de prendre un congé de maladie. Temporaire, il devenait de longue durée pour aboutir à la retraite anticipée. Cette mise à pied déguisée n'allait pas sans dommages tant financiers que psychologiques.

Je parle de ces dégâts en connaissance de cause puisque, au tout début du « dégraissage » confié à un « coupeur de têtes régional », je les ai subis dans des circonstances que je vais expliquer dans cet ouvrage. Je veux témoigner de la dévastation qu'ils peuvent engendrer.

Certains ne peuvent y faire face et n'ont d'autre échappatoire que celle de mourir.

Moi, j'étais une femme qu'on disait forte, une mère qui se devait de compenser quelques manquements antérieurs. Si j'ai été tentée de mourir, les événements et ma conscience m'en ont dénié le droit.

Chapitre 2

L'évocation de mon profil de femme pourrait sembler hors de propos avec mon projet d'évoquer et de décrire les conditions dans lesquelles j'ai été évincée de mon poste d'inspecteur principal, responsable d'un service important au sein de France Télécom. Il m'apparaît cependant essentiel pour comprendre mon ascension rapide dans les grades de l'organisation et mon investissement dans l'emploi assez haut placé que j'occupais.

À vingt ans, j'étais féministe, carriériste, ambivalente. Si les années, alliées aux coups que le destin ne m'a pas ménagés, ont quelque peu pondéré mes jugements, mes ambitions, mes positions péremptoires, mes attentes, ces caractéristiques fondent toujours ma personnalité, car je les ai reçues dans mes gènes, et l'éducation qu'on m'a dispensée les a confortées. Ma filiation est une filiation de femmes énergiques et combattantes.

Elles furent trois à m'élever et elles le firent à temps partagé. Des deux premières, deux femmes de ma famille vivant en concubinage, je tiens le féminisme, le carriérisme. Elles m'ont enseigné, par le discours et par l'exemple, que la femme se devait d'être autonome, qu'elle pouvait donc s'assumer sans le secours d'un homme. Dotée d'intelligence et de capacités équivalentes, elle devait se battre pour accéder aux mêmes emplois et dans les mêmes conditions. Elles-mêmes en avaient fait leur credo et leur objectif, hélas limité par leur manque de diplômes. Dans leur petite communauté villageoise, à une époque où l'on mettait à l'index tous ceux et celles qui n'étaient pas conformes au modèle social courant, elles s'étaient imposées par leurs compétences, leur combativité et leurs qualités profondes qui relevaient du savoir-être.

Je les admirais, les aimais, même si mon romantisme d'adolescente, puis de jeune femme, mes aspirations à être aimée du sexe opposé m'interdisaient de partager inconditionnellement leur appréciation du monde masculin.

À l'inverse des idées en cours, pour elles deux, la supériorité était du côté des femmes et les comportements de la gent masculine étaient l'objet de leur ironie aiguisée, parfois féroce qui allait souvent jusqu'à la condamnation.

Ma troisième éducatrice était ma mère biologique. Elle n'avait de commun avec les deux premières que les liens familiaux et le désir de me voir réussir dans un domaine qui leur avait été, à toutes trois, inaccessible : en dehors du monde rural, dans l'administration de préférence qui offrait le double avantage de la sécurité d'un organisme d'État et d'avancement si on s'y employait.

Elle était aussi une femme de caractère aimant le pouvoir, mais les lectures à l'eau de rose, dont elle se gavait dès que ses activités de maîtresse de ferme le lui permettaient, l'imprégnaient d'un romantisme qui faisait mauvais ménage avec sa personnalité originelle. Les héroïnes de Delly and co, ses auteurs préférés, étaient des femmes-objets, douces et soumises à l'homme protecteur dont elles étaient aimées. Ma mère gommait donc les aspérités de son caractère qui auraient pu l'écarter de cet état. Elle gouvernait en sous-main, par personne interposée ; mon père.

Elle le faisait adroitement et il y trouvait sans doute son compte puisque leur *conjuguo* se passait sans heurts ; ce qui m'amenait à penser que ce modèle était le bon. Outre son ambivalence, ma mère m'a transmis par l'exemple l'art subtil de la négociation, non dénuée parfois d'une certaine rouerie.

De mon héritage génétique ensemencé d'un magma éducatif si peu homogène germa une adolescente rêveuse qui cherchait sa voie. Elle donna naissance à une jeune femme aux prises avec ses contradictions qui ne cessait de s'engager sur des voies sans issue, pour, quelques années plus tard, émerger enfin de sa gangue d'incohérences et déterminer ses priorités. J'étais avant tout féministe, carriériste. Ces deux principes allaient tracer mon chemin de vie.

Afin d'échapper à la tutelle de mes mères et goûter à l'indépendance, je pris, le bac en poche, un emploi d'été aux PTT. Pour la première fois, je connus trois mois durant une totale liberté et mon premier émoi amoureux ; embrasement du cœur et du corps qui nous submerge à nous engloutir et qu'un souffle de vent contraire éteint sans qu'on y soit préparée. Un premier amour qui creuse des années durant et souvent jusqu'au bout de la vie, lorsqu'on s'autorise une errance dans nos souvenirs, une empreinte douce-amère jamais effacée. Pour tenter d'oublier cet épisode, je me jetai à corps perdu dans la fête, le flirt et l'amitié de mes jeunes collègues.

Mon insouciance prit fin lorsqu'on parla de licencier les auxiliaires comme moi. Aucun concours n'était prévu, car on rapatriait les titulaires en poste outre-mer ; la panique me gagnait à l'idée de rentrer tête basse au bercail sans avoir répondu aux attentes de mes tutrices.

Je choisis d'épouser le garçon qui me faisait la cour. Le statut de femme mariée me donnait plus de chances de rester en poste. C'était fuir la tutelle de mes mères pour me mettre sous celle d'un mari. J'allais payer mon manque de correction en constatant que mon conjoint était aussi ambitieux que moi. Notre relation amoureuse et harmonieuse se teinta rapidement d'acrimonie et devint, quelques années plus tard, la course à la réussite de deux rivaux qui mettaient en péril l'équilibre de la famille qu'ils avaient eu l'inconscience de fonder.

Pour ma part, j'étais si volontaire, motivée, acharnée à brûler les étapes qui me séparaient de mon objectif que je ne reculais pas à fournir un travail titanesque pour préparer les concours qui m'y mèneraient. J'avais ligoté ma conscience d'épouse et de mère dans les rets de mon ambition. Seule comptait pour moi la nécessité d'échapper aux petits boulots auxquels on réduisait les femmes. Le seul moyen d'y parvenir était d'accéder aux postes réservés aux hommes et de les occuper avec un peu plus d'intelligence et d'humanité, pensais-je pour me dédouaner. Quoi qu'ait pu en démontrer un certain film, à mon niveau d'exigence la promotion canapé n'existait pas ! Dans le cas contraire, mes principes m'en auraient éloignée.

Cet engagement total et sans concession a alourdi le magma de colère mêlé de culpabilité qui m'a dévastée à l'annonce de mon éviction ; elle l'a rendue encore plus dramatique. Plus la marche est haute et a été difficile à atteindre, plus elle s'est révélée destructrice, plus la chute est dure.

Tout ça pour ça ! Le leitmotiv m'a longtemps poursuivie en boucle.

Chapitre 3

L'accès à un grade dit d'exécution, agent ou contrôleur, dans l'administration des PTT pouvait se faire de trois manières. Pour accéder aux grades dits d'encadrement, c'était un peu plus aléatoire.

Le concours externe nécessitait d'avoir un diplôme déterminé pour s'y présenter.

Le concours interne requérait un certain nombre d'années de service dans le grade précédent.

La promotion au mérite était fonction autant de son mérite que de sa cote d'amour et de ses relations bien placées.

Les concours avaient comme contrepartie l'obligation de mobilité géographique. La promotion au mérite présentait le grand avantage de faire grimper son salaire et son statut sans trop déplacer son fauteuil.

Pour faire mes premiers pas dans le fonctionnariat, je choisis de passer le concours externe d'agent. J'avais le diplôme exigé et, cadeau fait aux femmes mariées, je n'irai pas chercher mon grade à l'autre bout de l'hexagone, car je pouvais prétendre à être inscrite sur la liste spéciale. Une nomination sur trois lui était réservée. Je savais ne pas devoir trop attendre, car les postes à pourvoir étaient nombreux dans cet emploi de base.

Je fus nommée aux chèques postaux de Nantes, ma ville de cœur.

Mon féminisme était déjà souvent mis à mal dans les dîners de fonctionnaires qui nous réunissaient entre couples de copains, où les femmes se mettaient à l'écart pour parler enfants, cuisine, chiffons, invitations tandis que les hommes s'isolaient autour du bar pour évoquer leurs projets de carrière et refaire le monde ; il devint éruptif dès que je mis les pieds dans cette machine à broyer les femmes.

J'eus la sensation de pénétrer dans une prison un jour d'émeute. Tout concordait, depuis le gris des bâtiments, le profil des encadrants, le rituel d'entrée et jusqu'à ce bruit qui me revient aux oreilles les nuits de cauchemars...

Une foule d'environ cinq cents femmes martelaient de leurs talons aiguilles les marches de l'escalier de ciment qui menait aux cinq salles de travail. Essoufflées d'avoir couru depuis l'autobus qui les avait déversées sur l'avenue voisine pour arriver avant l'heure fatidique de la fermeture des portes, elles achevaient de boutonner la blouse bleue marquée au sigle de la Poste qu'elles étaient allées prendre au rez-de-chaussée, dans la grande salle des vestiaires où chacune d'elles possédait un placard à son nom.

Anonyme parmi les anonymes uniformisées, je me fondis dans le troupeau des femmes de vingt à quarante ans. Il fallait être jeune pour supporter le rythme des « chéquardes », car la gestion des comptes était mécanisée, contrairement aux autres services demeurés manuels ; le travail était exécuté à la chaîne par groupes de trois agents pratiquement non interchangeables. Plus tard, à cette gestion mécanisée succéderait une gestion informatisée, comme elle l'est de nos jours.

J'hésitai au seuil des grandes salles identiques aux fenêtres hautes et étroites masquées par des tentures brunes. Après avoir repéré mon nom sur un tableau d'affichage accroché à l'une des portes, je me réinsérai dans la file des habituées qui connaissaient la routine, pour aller à leur suite signer la feuille de présence gardée par une surveillante hiératique.

Du bout d'un ongle verni, elle guida mon stylo que j'avais décapuchonné à l'instar des filles qui me précédaient pour ne pas ralentir le train. Sans perdre de vue la feuille qui l'occupait, elle me jeta, sibylline : « G 12 ; rouleuse ».

Pour m'éviter de croire à une insulte, et devant mon désarroi, une jolie monitrice vint immédiatement me prendre en charge. Elle était l'ange tutélaire chargé de familiariser la nouvelle avec les codes et les sigles maison, de la rôder aussi au rythme d'enfer qu'elle allait devoir suivre pour être considérée et acceptée par les deux collègues avec lesquelles elle faisait équipe.

Troisième élément du groupe 12 auquel j'appartenais pour quelque temps seulement puisque j'étais « rouleuse » – ce qui n'avait rien à voir avec mon anatomie comme je l'avais cru un instant –, elle me désigna la chaise vacante de la dactylo et m'installa devant une machine qui faisait au moins la taille de trois « Remington » standard, de nos jours, deux claviers de PC 14 pouces. L'engin possédait un nombre impressionnant de touches et de compteurs avec lesquels j'allais devoir jongler.

Je roulerais donc d'un groupe à l'autre jusqu'à ce qu'on me fixe par cooptation, désignation ou élection, je l'ignorais, sur un groupe qui deviendrait « mon groupe », à l'intérieur duquel je roulerais encore de l'emploi de vérificatrice numéro 2 à la position de dactylo que j'occupais en ce premier jour ; l'emploi de vérificatrice numéro 1 étant réservé aux élites chevronnées ayant apporté à la fois la preuve de leur efficacité et de leur endurance.

Pour le moment, c'était le calme choc dans l'environnement des cent groupes alignés par rangées de dix. Mes deux collègues assistées de la monitrice en profitèrent pour peaufiner ma brève initiation. J'appris ainsi que j'appartenais à la brigade A qui « faisait » 7-13 ; la brigade B « faisant » 13-19 et que l'organisation s'inversait la semaine suivante. On me glissa aussi, en manière de recommandation à ne pas traînasser, que les 13 heures et 19 heures de fin de vacation n'étaient que théoriques ; en réalité, notre heure de sortie était fonction de notre vélocité à toutes les trois à écouler notre charge de travail. À bon entendeur, salut ! Il y avait comme ça des mollasses qui demeuraient « rouleuses à vie » ! Car personne n'en voulait. Elles comptaient sur moi pour faire le maximum, car elles avaient toutes les deux comme moi, charge de famille, et donc des courses à faire et des gosses à prendre à l'école. Les syndicats avaient beau dire qu'elles faisaient leur malheur, car leurs performances engendraient sans cesse une augmentation de la charge de travail, elles s'en moquaient, tout au plaisir de « gratter » un petit quart d'heure sur l'horaire.

J'appris encore que, pour aller faire pipi, il fallait demander à la surveillante. Qu'elle ne nous y autorisait qu'une par une et pour seulement trois minutes chrono.

Lorsqu'à mon tour j'interrogeai sur la présence des quelques messieurs qui déambulaient dans les travées, on me répondit que c'étaient des inspecteurs qui avaient pour tâche de donner le signal de début et de fin de travail et pour mission de maintenir l'ordre.

La réponse fut accompagnée d'un haussement d'épaules que je ne sus pas interpréter. Était-il moqueur, fataliste ou résigné ? Quant à moi, bien que mon sens de l'humour fût fortement émoussé par le stress, je ne pus m'empêcher de sourire en imaginant, au milieu du matériel postal, un crêpage de chignons entre ces dames, pour les motifs futiles dont on les disait familières et que seule la hiérarchie en costume placée là était en mesure de juguler. Mon regard s'attarda sur l'un d'eux, un bel homme en blazer bleu marine et pantalon gris perle un peu trop serré aux fesses, qui ne laissait rien ignorer de ses attributs ; une provocation dans cet univers de femmes. Un coup de coude impérieux de la monitrice me rappela aux réalités de mon apprentissage. Émanait-il de l'employée zélée ou de la femme jalouse, je n'en saurais rien à cet instant. J'apprendrais plus tard lorsque je serais intronisée dans mon groupe, par les ragots qui précédaient la mise en route de la chaîne, que surveillantes, monitrices et postes féminins privilégiés relevaient d'un passage sur le canapé du chef de centre seigneur des lieux dont la porte de bureau était gardée par un système de feux bicolores. Au vert, on entrait, au rouge, on attendait.

Pour l'heure, nous étions toutes dans les starting-blocks, prêtes à foncer lorsque messieurs les inspecteurs, sous-intendants du grand chef qui régnait à l'étage, donneraient le signal de mise en action.

Mystérieusement avertis de l'arrivée imminente des « cartons » contenant le travail, ils avaient accéléré dans les allées en tapant dans leurs mains, semblant propager au rythme de leurs déplacements, un chaos naissant dans les couloirs sous forme de roulements de tonnerre précédant un orage.

La réponse de la salle fut immédiate : les chaises raclèrent le sol pour mettre leurs occupantes en pole position, on découvrit les machines et on plia leur protection plastifiée fidèlement à la directive reçue, on testa à blanc les compteurs des machines, on rangea à portée de main le petit matériel.

Soudain, les roulements de tonnerre s'amplifièrent. Les portes battantes de la salle claquèrent, repoussées par la charge des chariots qui forçaient l'entrée. Le martèlement s'assourdit à mesure que les roues métalliques abordaient le balatum du sol ; il s'éteignit dans le hurlement du frein qu'un planton actionna à hauteur d'un groupe pour distribuer une charge de travail à la volée. Il renaquit jusqu'à l'arrêt suivant sans rien perdre de sa fréquence auditive.

La contagion sonore gagna, lorsque le plafond s'anima à son tour. Le service pneumatique venait de se mettre en marche. Dans un souffle d'enfer, il cracha sur nos tables de travail des étuis métalliques contenant les opérations spéciales à traiter toutes affaires cessantes. Ce fut alors qu'entrèrent en action, dans une charge quasi permanente, les timbres à date, les claviers et les chariots des machines maniés à un train d'enfer. Têtes baissées, stylos en alerte, gestes cadencés imprimant le rythme aux doigts qui tapaient sur le clavier et aux mains qui ouvraient et refermaient le chariot de la machine avaleuse d'extraits de compte, fesses serrées pour ne pas aller perdre du temps aux toilettes, nous « grattions » nos minutes de liberté. Nous étions parties pour environ six heures d'attention soutenue, de mains véloces et de crampes de fatigue.

Avant de quitter la salle, notre tâche faite, je jetai un coup d'œil mi-rageur, mi-envieux aux messieurs qui, mains au dos, déambulaient toujours dans les allées ; j'en retrouverais certains planqués derrière leur journal aux terrasses des cafés qui bordaient l'avenue tandis que nous piétinions en espérant l'arrivée de l'autobus qui nous emmènerait faire les courses, récupérer les gosses à l'école ou faire le ménage.

Sans être féministe au point d'aller brûler mon soutien-gorge sur les Champs avec les suffragettes, je l'étais assez et j'étais surtout suffisamment lucide pour comparer nos situations respectives, comparaison qui m'amena à certains constats.

Toutes les femmes jeunes étaient au charbon dans les salles des chèques postaux; aucune d'elles n'occupait une position d'encadrement. Deux raisons à cela: ce n'était pas dans les mœurs, notre éducation de fille ne nous préparait pas à transgresser l'établi. Cet établi arrimé depuis des siècles à ce qu'on appelle la condition féminine: un faisceau d'interdictions justifiées par la liste élargie de soi-disant inaptitudes, ligoté par une batterie d'obligations domestiques qui font la femme.

Si l'on n'ose plus aujourd'hui parler de différence d'intelligence, on continue de s'appuyer sur des caractéristiques physiques et mentales supposées propres à chaque sexe: la force et l'objectivité pour l'homme, la faiblesse et l'émotivité pour la femme. Face à un jugement, à une prise de responsabilité, cela fait toute la différence. Si à ce crucial problème de tête, on ajoute celui du ventre, ses malaises et sautes d'humeur mensuels et ses maternités à répétition, le tout facteur d'absentéisme, on ne peut pas nier que la place d'une femme n'est pas aux affaires, mais à la maison, là où ses petites misères d'état ne l'empêcheront pas de faire la cuisine, le ménage et d'accompagner les enfants à l'école.

Pour satisfaire ses envies d'évasion, si elle en a, restent les petits boulots, postes sur lesquels elle et ses consœurs sont interchangeables et qui peuvent au besoin représenter un apport financier non négligeable pour le foyer.

Plus que jamais m'habitait la volonté féroce d'échapper à cette fatalité. La règle administrative m'obligeait à demeurer quatre années dans ce grade de base qui n'offrait que des emplois du même type. Passé ce délai, je pourrais me présenter au concours qui me permettrait de gravir un échelon vers l'objectif final que je m'étais fixé. Piaffant d'impatience, je mettais à profit ce temps de pénitence pour préparer l'examen.

J'avais quitté le ventre de la machine à exploiter les femmes pour une structure plus calme et ma nouvelle affectation me permettait en principe, si je ne me laissais pas manger par les tâches ménagères, de me consacrer à l'étude du droit, pour apprendre, mémoriser, apprendre encore. Des constitutions, des décrets, des textes de loi, matières imposées au concours d'inspecteur que je préparais avec acharnement, la nuit, le jour, sur le chemin du bureau, de l'école, en épluchant mes pommes de terre.

On venait justement de déclarer l'examen mixte. J'obtenais, au moins dans le concours, cette parité à laquelle j'aspirais tant.

Le jour venu, je repérai la présence d'une seule autre femme au milieu d'une quarantaine d'hommes.

Deux heures après le début des épreuves, j'étais seule. Elle avait fui sous l'assaut de nos collègues, lesquels, « pour nous rendre service », nous recommandaient de lire en urgence, tel article du *Monde* et tel autre du *Canard enchaîné* parus dans la presse du jour. Leur méconnaissance pourrait peser gravement sur nos résultats, affirmaient-ils.

Nous n'avions pas eu le temps, hélas ! d'actualiser aussi finement nos connaissances, il nous fallait lacer des chaussures, vérifier des cartables plutôt que de passer au kiosque !

Le résultat du concours nous serait connu environ quatre mois après les épreuves.

Ce fut un temps de répit durant lequel nous nous efforçâmes, mon mari et moi, de renouer notre relation distendue par mon manque de disponibilité et la rancœur que je lui vouais comme à tous ceux qui entravaient mon chemin. L'obligation qu'ils me faisaient de m'occuper d'eux exclusivement réduisait à zéro mon grappillage de temps.

Ce fut un temps de faux-semblants et de non-dits. Faux-semblant d'être mentalement disponibles, pour tenir nos enfants hors du champ de nos incertitudes, alors que l'un comme l'autre nous étions obnubilés par un résultat qui nous le pressentions allait déboussoler nos vies. Faux-semblant d'aimer, alors que chacun de nous alimentait un magma de colère, de peur, de souffrance, allégé pour ce qui me concernait par l'espoir, un espoir entaché de remords dont je ne pouvais cependant me départir. Rien chez mon compagnon ne venait apaiser la rage d'avoir été supplanté alors qu'il pensait avoir la main en premier. Elle redoublait lorsque naïvement ou sciemment on lui suggérait d'être fier du combat de sa femme. Il avait doublement le sentiment d'avoir été floué. La colombe qu'il avait épousée s'était muée en tigresse.

Non-dit, car nous refusions l'un et l'autre de parler de cette fameuse liste spéciale qui me permettrait d'attendre sur place une nomination reportée aux calendes grecques. En cas de réussite, je partirais et il le savait.

J'en fus informée un jeudi matin, jour de marché. Ce jour-là, je fus condamnée à porter toute seule mes paniers, car mon mari me faisait payer son amertume d'avoir été dépassé dans notre course rivale à la réussite. Qu'importe, ils ne pesaient rien au bout de mes bras, tant mon horizon était lumineux. L'euphorie du succès balayait la perspective des problèmes auxquels j'allais être confrontée. Ne me restaient en tête et dans le cœur que la joie d'avoir réussi à franchir une première marche et la certitude que je n'allais pas m'arrêter là.

Au fil des jours, confrontée à l'hostilité de mon compagnon et aux réactions de mon environnement, je commençais à perdre de l'altitude.

Nos amis masculins m'ovationnèrent sans la moindre réserve; ils ne risquaient rien à me complimenter puisque je n'étais pas leur femme. Nos amies féminines, secrètement contentes que l'une d'elles ait pu pour une fois damer le pion aux hommes, m'appelèrent pourtant à la prudence. Comment allais-je m'en sortir, compte tenu de mes obligations familiales ? La précision de la question me ramena sur terre. Mon vol inaugural avait été de courte durée.

En un instant, ma condition de femme me rattrapa. Ma morale chrétienne lui emboîta le pas. Ensemble, elles me rappelèrent mes devoirs d'épouse et de mère, brandissant d'hypothétiques drames familiaux: scarlatine, malnutrition, et même échec scolaire de mes enfants; dépression, suicide, au mieux divorce pour mon mari.

J'étais submergée, affolée, écartelée, mais, à la réflexion, toujours décidée à m'en aller.

J'embauchai quelqu'un pour les tâches ménagères, promis d'être présente du vendredi soir au dimanche soir pour la tendresse et l'amour et confiai le reste à la grâce de Dieu.

Outre mon sentiment profond de réhabilitation personnelle, outre celui plus superficiel de faire avancer la cause des femmes, le chant de la liberté qui résonnait pour la première fois à mes oreilles me comblait de bonheur; sa musique était ineffable même atténuée d'un bémol de culpabilité.

Cette nouvelle vie à deux temps: seule les cinq jours de la semaine, en famille les week-ends excluait la monotonie, mais représentait chaque vendredi une course contre la montre. Pour ne pas louper le train du retour, il me fallait régulièrement pousser des sprints sur les quais de gare et dans les couloirs du métro. Au bout m'attendaient ma famille et son historique de la semaine : amalgame de joies, de rires, de bonheurs et de larmes. Distanciée d'eux quatre, malgré les coups de téléphone journaliers, je réintégrais vite le cercle du moins pour ce qui touchait aux enfants. Nos rapports de couple demeuraient soit superficiels et résignés, soit carrément houleux.

Le dimanche soir, chacun des miens s'ingéniait pour des raisons diverses à retarder l'heure de mon départ. Il me fallait souvent sécher les larmes des enfants et retenir les miennes avant d'aller retrouver mes quelques mètres carrés bon marché sous les toits. L'intérêt du travail, qui m'obligeait pour réussir à m'adapter au modèle masculin et à en adopter les valeurs de compétitivité, et parfois d'agressivité, me faisait oublier tout sentiment de désertion. Quelques amitiés amoureuses glissant parfois sur des aventures sans lendemain pimentaient ma solitude et me permettaient de tester un pouvoir de séduction dont je ne m'étais jusqu'alors jamais souciée. Cet autre challenge me faisait découvrir pour la première fois, l'amour plaisir délibéré, devenu sans danger grâce à la pilule contraceptive que la loi Neuwirth venait de rendre légale. L'éloignement familial me garantissant l'immunité faisait barrage aux remords.

Autre avantage de la solitude, je pouvais continuer à étudier pour franchir d'autres échelons sans être condamnée pour un dîner un peu trop cuit ou une chemise oubliée dans le panier à linge.

Cette vie à deux temps durerait un an, voire deux ou trois, jusqu'à ce qu'une nouvelle affectation me permette de retrouver les miens ou que ce soient eux qui viennent me rejoindre. Alors, nous réorganiserions notre vie groupée, à l'un des quatre coins de France, jusqu'à ce qu'une nouvelle promotion m'appelle ailleurs.

Comme j'ai jugé important d'évoquer mon profil de femme pour expliquer la course effrénée à la réussite qui fut la mienne, j'ai cru également utile de parler de ma vie personnelle, familiale, sociale, sacrifiée sur l'autel de mon ambition. Aujourd'hui, je n'en tire pas gloire, mais ne bats pas non plus ma coulpe ; j'étais faite comme ça. L'exil de ma mise au placard m'a seulement donné le temps de méditer sur le bien-fondé de mes choix. Ces remises en question tardives et stériles ont pesé leur poids de souffrance sur mon délabrement mental. Elles alimentaient mon leitmotiv : tout ça pour ça.

Chapitre 4

Après avoir parcouru la France pendant dix ans, de Nantes à Lille, en passant par Paris, le Vexin, Compiègne, Rennes, au gré des changements d'affectation que suscitait mon ascension dans la hiérarchie des PTT devenus La Poste et France Télécom en 1988, je revins enfin à Nantes. Je venais d'être reçue au concours d'inspecteur principal, dernier titre accessible par concours, les titres suivants de directeur départemental, puis de directeur régional, directeur opérationnel et directeur régional pour France Télécom étant attribués au mérite et à l'ancienneté. Tous les espoirs m'étaient permis !

Côté conjugal, nous avions, d'un commun accord, adopté un modus vivendi.

Je pensais et disais que Serge était un atrabilaire. Il pensait et disait que j'étais une emmerdeuse. Malgré ces jugements à l'emporte-pièce, nous réussîmes à maintenir une vie commune à éclipses pendant vingt ans. Alors qu'elle s'était normalisée puisque j'étais arrivée au terme de mes ambitions de carrière, elle nous était devenue plus douce, plus lisse, plus terne aussi. En nous quittant, notre rivalité souterraine emporta nos pulsions, nos révoltes qui nous amenaient souvent à reconsidérer la nécessité de continuer notre chemin ensemble.

Le tissu de notre quotidien était filé de tendresse courtoise, imprimé par intervalles de rituels amoureux inspirés par l'habitude, ou le partage d'émotions. Nos rapports étaient basés sur le respect de l'autre pour vivre nos quelques aventures respectives, le souci du devenir de nos enfants qui nous avaient quittés parce qu'ils étaient adultes et l'intérêt que nous trouvions à parler de la marche du monde, un sujet qui nous passionnait déjà dans notre jeunesse : à cette époque, nous voulions le refaire, chacun à notre manière.

Pour nos voisins, nos amis, nous donnions l'impression d'être un couple normal, heureux même lorsque, malgré notre réserve et pour faire comme les autres, quand l'ambiance était festive, il nous arrivait de nous prendre la main ou le coin de la bouche.

Tout cela n'était qu'apparence : si le temps avait limé les arêtes de notre histoire, chez aucun de nous deux, il ne les avait complètement effacées.

Serge gardait en mémoire de cœur la couronne d'épines que je lui avais enfoncée sur la tête peu après notre mariage. Un cilice qui, au détriment de ses envies et de sa dignité, l'avait obligé à jouer les mères de remplacement pendant deux mille cinq cent cinquante-cinq jours, il en avait fait le compte !

Je cachais les mêmes séquelles : j'avais tant aimé ma liberté à temps partiel qu'elle me manquait souvent, d'autant que le machisme que mon compagnon manifestait désormais sans réserve et sans honte à la moindre occasion, comme s'il voulait réaffirmer son pouvoir un temps perdu, me hérissait. Ces sursauts d'autorité m'échouaient sur le cœur en risées de colère. Je ne pleurais pas de désespoir, mais du regret de l'amour absolu que j'aurais aimé vivre. Il aurait rimé avec toujours comme dans les chansons…

Les lectures maternelles que, petite fille, je subtilisais malgré et à cause de la défense absolue qui m'en était faite m'auraient-elles marquée à mon insu ?

Conscients de nos cicatrices respectives, nous évitions de les gratter pour ne pas raviver des querelles douloureuses. Serge affichait une indifférence totale à l'égard de mon travail, moi, j'ignorais ses poussées d'autorité en privé et choisissais d'ironiser gentiment en public lorsqu'elles risquaient de me faire passer pour une débile.

Puisque nous étions devenus raisonnables en évitant dans la mesure du possible les sujets périlleux qui donnaient naissance à des argumentations poussées et à des extrapolations dangereuses proches de la menace, nous choisissions, quand il s'avérait urgent d'évacuer notre bile, d'aborder des thèmes simples qui limitaient notre vindicte. Les dissensions à propos d'un film, d'un livre, parfois d'un ami faisaient partie de ceux que nous nous autorisions. S'ils nous calmaient les nerfs, ils ne risquaient pas de remettre en question la poursuite de notre vie commune.

Lorsque, par oubli ou provocation, nous sortions de ces rails, nous reprenions la guerre.

Transférée de la Poste à France Télécom, à l'issue d'un dernier concours, j'aurais pu craindre d'avoir à gérer des statistiques de mauvais payeurs ou des stocks d'appareils : j'avais eu la bonne surprise de me voir attribuer la responsabilité d'affaires sociales.

Lorsque j'arrivai dans le service, je n'y trouvai que deux personnes, un inspecteur âgé et une jeune femme ; l'une cantonnée dans une petite pièce meublée d'un bureau métallique et de placards, l'autre, dans une pièce de taille respectable, meublée d'un bureau de ministre en acajou et d'armoires vitrines contenant de belles reliures. Les contacts des deux agents se limitaient au bonjour du matin, au bonsoir du soir et à une incursion journalière de l'une dans le bureau de l'autre pour faire signer son travail.

J'intégrai un bureau de taille un peu supérieure à celui de mon inspecteur, à cause de ma position hiérarchique sans nul doute. Les armoires vitrines étaient comme les siennes, remplies des mêmes livres reliés qui, je le découvris en les feuilletant, contenaient des bulletins officiels datant de plusieurs années. Une somme de documents qui avaient fait leurs preuves et qui devaient apporter des solutions aux éventuels problèmes que nous soumettrait notre unique agent si elle venait à découvrir quelque anomalie dans ses bordereaux.

Lorsque, après avoir frappé, ce qui eut l'air de la surprendre, j'entrai chez Mme Pasquier pour faire connaissance, elle se leva et resta debout, le stylo à la main, un air inquiet peint sur le visage. J'eus l'impression d'être dans la peau d'une maîtresse d'école chopant une élève en train de fumer un pétard. Il fallut que je pose mes fesses sur le coin de son bureau, attitude peu protocolaire, pour qu'à mon invite, elle regagne son siège.

Le travail de la jeune femme consistait à attribuer des allocations de types divers, dûment répertoriés, à partir de barèmes déterminés, à des agents préalablement listés par le service du personnel en connaissance de leur situation particulière. Le bordereau établi, elle s'en allait requérir la signature de l'inspecteur qui apposait son sceau, un timbre de caoutchouc portant nom et qualité et signait. L'affaire nécessitait une entrevue par jour de deux ou trois minutes suivant que les aiguilles de l'horloge du service approchaient ou non de l'heure de la sortie et éventuellement du temps que le signataire mettait à trouver ses lunettes.

Comme toute patronne nouvellement promue et installée, je terminai la visite de mon embryon de service en allant toquer à la porte de l'inspecteur.

Je perçus des froissements de papier fébriles. Assis à son bureau, M. Salit paraissait absorbé dans le décryptage du Bulletin officiel du jour. Pour l'avoir reçu moi-même, je savais qu'il traitait d'appels d'offres dans les marchés publics. Un sujet intéressant, mais qui ne nous concernait pas au premier chef. J'aurais admiré la conscience professionnelle de M. Salit qui le conduisait à intégrer un savoir qui ne lui serait d'aucune utilité pour la seule raison qu'il ne concernait qu'un service de gestion des bâtiments, si je n'avais aperçu *Paris Turf* dépassant de l'un de ses tiroirs et la grille du tiercé, que je ne lui avais pas laissé le temps de finir, posée sur son bureau.

Il réprima un geste d'agacement lorsque je demandai à voir les dossiers sur lesquels il travaillait actuellement. Il exhuma d'une de ses vitrines, une chemise cartonnée intitulée : « Étude comparée sur deux années, des familles bénéficiaires de cadeaux de Noël ». Nous n'étions qu'en septembre ; je lui demandai s'il n'avait rien de plus actuel.

Il accompagna sa dénégation d'un coup d'œil à la pendule. Les deux aiguilles approchaient de dix-sept heures, l'heure fatidique de la sortie qu'il prit soin de vérifier à sa montre-bracelet. Avec suffisamment d'onctuosité pour me faire oublier l'incident du journal et l'indigence de ses dossiers, il me proposa de passer dans mon bureau le lendemain à l'heure qui me conviendrait. Nous convînmes de dix heures.

Je n'appris pas grand-chose de plus le lendemain sur ses attributions. Hormis les signatures apposées chaque jour pour entériner le travail de son unique agent, il veillait sur les archives de son service ; ces mêmes bordereaux signés de sa main, entassés depuis des années qui lui permettaient d'établir des « études comparées ». Il apportait aussi un soin rigoureux au classement des bulletins de couleurs différentes régissant la vie des services dans la tour. Cela allait de l'obligation de fermer les portes sans les claquer, à l'interdiction d'utiliser des appareils électriques à usage personnel, à la nécessité de garder des toilettes propres. Il expurgeait bordereaux et notes, fidèlement aux consignes reçues par une note de couleur correspondant aux papiers ayant atteint leur date de péremption.

Inquiète, je commençai à me demander ce que j'allais bien pouvoir faire là, sinon, lire des bulletins officiels, apposer des signatures supplémentaires et vérifier que bordereaux et notes étaient classés dans le bon ordre et archivés aux bonnes dates. C'était là le seul champ qu'on m'offrait pour justifier le qualificatif de « principale » accolé au titre d'inspectrice que j'avais obtenu quelques années plus tôt. Tant de nuits passées à avaler des textes rébarbatifs, tant de courses sur les quais de gare et dans les couloirs de métro, tant de perturbations familiales, pour *ça*. La maigre augmentation de salaire qui s'ensuivait ne me suffisait pas, j'avais cherché l'intérêt du travail et le pouvoir de décision qui allait avec.

J'avais eu jusqu'alors l'habitude d'une activité intense sur le terrain et de contacts chaleureux avec les collègues ; or, j'avais la sensation de gêner Mme Pasquier à chaque fois que je poussais sa porte. Elle pensait manifestement que la hiérarchie, fût-elle femme, n'avait pas à copiner avec la base. Je stoppai donc pour le moment mes tentatives d'approche. M. Salit redoutait mes incursions dans son domaine professionnel, craignant qu'il ne me vienne l'idée de remplir un vide dont il s'accommodait si bien. Nous aurions pu peut-être pronostiquer de concert sur les courses, mais je n'y connaissais rien. Me restait la cafeteria qui augmenterait mes probabilités de contacts.

J'y descendais souvent et fis quelques rencontres intéressantes, toutes masculines, car les employées, bien que beaucoup moins exploitées qu'au service des chèques postaux demeuraient à leur poste de travail. Seuls les chefs et quelques sous-chefs bien en cour, pas du tout surmenés, avaient le loisir d'errer ainsi en descendant moult cafés. Faute de pouvoir parler de futilités avec mes rares consœurs qui travaillaient sur d'autres sites, j'abordais, lorsqu'ils m'en faisaient l'aumône, des sujets graves avec ces messieurs ; le plus courant étant le changement de statut de France Télécom qui en faisait trembler plus d'un, hors de notre petit cercle, car notre intelligence et notre flexibilité nous mettaient à l'abri, pensions-nous sans aucune modestie. Exceptionnellement, faisant fi de tout sexisme, ils m'agréèrent dans leur groupe d'intouchables intelligents et flexibles.

Nous n'étions qu'aux prémices de l'évolution et vivions seulement une période fertile en régionalisations, dérégionalisations, centralisations, décentralisations. Les postes disparaissaient dans un endroit pour réapparaître dans l'autre au gré des têtes pensantes des ministères. Cette valse était providentielle pour les opportunistes, inquiétante pour les « pères tranquilles ».

Ils étaient nombreux, ces « pères tranquilles », à jouir de leurs petits privilèges, au milieu des ingénieurs contractuels pas du tout concernés par le changement, de la hiérarchie concours dont nous étions qui, ayant tellement bourlingué, se disait adaptable. Grâce à son intelligence et à sa flexibilité !

Je sus le jour où je fus convoquée chez le directeur opérationnel la raison de ma nomination au service social. C'était un homme direct et sympathique qui m'en donna sa conception avant que je n'ouvre la bouche.

Il voulait un service de proximité, répondant aux besoins et aux attentes de son personnel. Tant mieux si ses vues, que je devrais faire miennes, collaient avec les demandes des syndicats qui tapaient à sa porte pour que la peau de chagrin que je gérais prenne de la consistance. Il était intimement persuadé que des agents allégés au maximum de leurs soucis familiaux et personnels étaient plus efficaces dans leur travail et moins revendicatifs.

Les structures d'accueil pour enfants et adolescents des agents, les services de restauration du personnel échappaient à la responsabilité de sa direction pour être gérés en région ; il s'employait à les faire revenir sous son autorité.

J'étais tout ouïe et complètement d'accord. Il m'avait choisie, me dit-il, en fonction de la compétence et de la pugnacité dont j'avais fait preuve dans mes fonctions précédentes. Son discours me flatta.

Ce programme convenait à mon besoin d'action. Je mis toute mon énergie à développer le patrimoine social par des acquisitions de bâtiments à vocation de centres aérés ou de vacances, étendis au personnel excentré les avantages réservés jusqu'alors aux agents en poste dans les villes, favorisai l'accès à la culture en négociant toutes sortes de remises sur les places de cinéma, de théâtre et de concert.

Lorsqu'il me demanda de concevoir un protocole d'accès à l'emploi des personnes handicapées, j'y mis toute mon énergie, requérant pour chacune d'elles, la collaboration du monde médical et paramédical, dans le but d'éviter la souffrance d'un échec professionnel aux postulants déjà atteints par des accidents de la vie.

J'avais des idées plein la tête et mon agenda débordait de rendez-vous.

Heureuse de travailler dans un domaine qui servait mon projet professionnel et lui conférait, maintenant qu'il était à terme, une dimension humaine, mon investissement était total lorsqu'il s'agissait d'augmenter le bien-être des employés de l'entreprise, et des femmes en particulier, que ces innovations déchargeaient de quelques soucis du quotidien. C'était pour elles, du temps gagné qu'elles pourraient consacrer à leurs loisirs.

Libre d'imaginer sous le contrôle d'un patron dont les objectifs concordaient apparemment avec les miens, obtenant grâce à ses relations au ministère les budgets nécessaires, j'avançais en confiance, sans réaliser que, comme nombre de dirigeants, il voulait laisser sa trace et que je fonçais tête baissée dans un piège. J'étais trop absorbée pour accorder du crédit aux rumeurs qui annonçaient le changement de statut et les coupes drastiques qui menaçaient les services qui, comme le mien, étaient hors du champ de la production.

Les affectations du personnel venant étoffer mon service se firent rapidement et les dossiers suivirent, au grand désarroi des gestionnaires précédents qui se voyaient retirer des attributions qu'ils assuraient depuis des années ; ils étaient devenus à leur tour un service peau de chagrin.

C'était en majorité des femmes qui étaient venues me rejoindre, sans que je sache si je le devais à leur propre choix ou à une réminiscence culturelle du D.R.H. Elles s'impliquaient dans leur tâche qu'elles maîtrisaient du début à la fin, jusqu'à oublier la sacro-sainte pendule et les sept heures cinquante-deux ou trois journalières qu'elles devaient à l'entreprise. En contrepartie, je ne fliquais pas leur temps de présence.

Mon ego s'enchantait de mes résultats, du pouvoir que la délégation sans cesse grandissante de mon patron me donnait, de la considération que les syndicats, souvent plus portés à la critique qu'à l'éloge, me témoignaient.

Je descendais moins souvent à la cafeteria et y restais moins longtemps, je perdais ainsi de vue l'évolution de France Télécom. Je fus remise à niveau le jour où, invitée à une « grand-messe » de cadres, j'entendis un discours destiné à rassurer le personnel sur son devenir, message que nous devions relayer dans nos services. Sous les phrases lénifiantes se devinait la trame d'un changement drastique. J'arguai d'un surcroît de travail pour ne rien transmettre, j'aurais eu le sentiment de berner mes collaborateurs.

Je livrai mon impression aux collègues de mon cercle de café. J'eus l'impression de jeter un froid. Ils ne me cachèrent pas qu'ils me considéraient comme une orgueilleuse inconsciente, une espèce de prosélyte désireuse avant tout de se distinguer.

Mon silence pourrait être interprété comme un refus d'adhérer au projet progressiste qu'on nous avait si joliment vendu. Il constituait une espèce de trahison envers la confrérie des cadres qui se devaient de répercuter la bonne parole des têtes pensantes du ministère sans la mettre en doute.

Il me semblait entendre certains se dire : « Le projet la dépasse. » Le machisme qu'ils s'évertuaient à déclarer d'arrière-garde ne demandait qu'à ressurgir !

D'Antoine, je ne croyais pas pouvoir jamais douter, il était devenu un ami. Notre connivence s'épanouissait au fur et à mesure des conversations que nous échangions sur des sujets échappant au domaine professionnel. Il m'incita à la prudence par ces mots qui auraient dû être un avertissement : « Fais attention à ne pas te planter. » Pour la première fois, je le trouvai frileux. Il avait seulement décidé de rester dans le peloton de tête. Quelque temps plus tard, j'acquis la preuve qu'il n'envisageait pas de risquer son avancement pour soutenir « son amie » déjà condamnée. Il me laissa tomber.

Mon patron bénéficia d'une promotion, il fut muté. Naïvement, je croyais qu'ayant réalisé ses objectifs dans notre région, il allait innover ailleurs. J'ignorais qu'à son niveau, promotion pouvait signifier désaveu.

Je continuais à gérer l'existant sans faire de vagues. Le plus difficile était d'opposer mon immobilisme aux syndicats qui persistaient à demander de nouvelles avancées puisqu'ils avaient l'habitude de ma médiation.

On m'avait adjoint un jeune inspecteur, ce qui m'aurait confortée dans le bien-fondé de mes entreprises et dans la pérennité de mon service si j'avais eu des inquiétudes. Je n'étais pas une adepte de l'adage « qui détient le savoir détient le pouvoir », car je n'aspirais pas à dominer les autres, mais seulement à concevoir des projets et à les mettre en œuvre. Pensant que deux têtes étaient plus productives qu'une seule, je lui appris toutes les subtilités de ma gestion et à savoir extrapoler les conséquences de mes orientations. Bon élève, il fut rapidement apte à me remplacer en toutes circonstances.

Quelques incidents me mirent mal à l'aise. On me casait maintenant dans le public plutôt qu'à la tribune avec mes confrères lors des « grands-messes » qui se multipliaient.

En réunion, on ne me sollicitait plus sur des sujets qui étaient de mon domaine, pour donner la parole à mon adjoint qui n'était pas censé avoir tous les acquis pour répondre. Il m'arriva de tenter d'intervenir pour venir à son secours, l'animateur me fit taire par un :

« madame, je ne vous ai pas sollicitée » impératif et humiliant. Il excusa la défaillance de celui qu'il avait convié à s'exprimer par une phrase sibylline du genre : « Vous aurez tout le temps de vous approprier ces données. »

J'hésitai à quitter la séance où j'avais le sentiment d'être inutile, mais je restai, pour sauver la face, ravalant ma colère, ma honte à laquelle se mêlait un sentiment de vague culpabilité.

Je commençai à me méfier lorsque, par un bruit de couloir, j'appris que celui que je ne qualifiais pas encore de taupe se vantait d'obtenir mon poste sans tarder. On le lui avait promis pour service rendu.

Je découvris une autre facette du personnage que je considérais comme intelligent et digne de confiance malgré son côté extraverti.

J'avais ri de ses tentatives de séduction et n'avais pas attaché d'importance aux confidences qu'il me livrait sans retenue sur sa vie personnelle, espérant sans doute susciter les miennes. J'instaurai pour la première fois une distance hiérarchique quand je sus qu'à l'occasion, il faisait état de mes conversations téléphoniques privées dans le but de me discréditer.

Un peu plus lucide, il m'arrivait parfois de supposer qu'on l'avait propulsé à mes côtés dans le double but de m'épier et de me déstabiliser afin que je trébuche pour pouvoir décemment me mettre à l'écart. Aussitôt, je me traitais de paranoïaque.

Qu'avais-je à craindre ? J'avais fait mon travail sous les ordres d'un patron, dans les limites qu'il m'avait prescrites. La passion que j'y avais mise ne pouvait pas être retenue comme une charge. Prudemment, je m'étais entourée de garanties en sollicitant l'avis et l'aval des responsables des services sociaux au niveau du ministère dès que j'ouvrais un nouveau chantier. Le dossier me revenait bétonné, bardé d'autorisations ; il était accompagné de remarques élogieuses, d'encouragements à mettre en œuvre sans tarder et du financement qui permettait sa réalisation. Rien ne pouvait laisser présager que, six mois plus tard, lorsque je solliciterais ces mêmes contacts pour qu'ils me sauvent, ils seraient aux abonnés absents, sans doute pour sauver leurs propres têtes.

Près de trente années plus tard, je m'interroge encore.

Comment, à leur niveau hiérarchique, pouvaient-ils ignorer ce qui se tramait dans les sphères ministérielles ? Quel jeu avaient-ils joué ? Quel rôle m'avaient-ils fait jouer ?

L'un d'entre eux que j'avais rencontré fortuitement, alors que mon sort avait été définitivement réglé et que je ne lui demandais rien, avait laissé filer : « Ton éviction était organisée depuis longtemps, il fallait que tu disparaisses. » On se serait cru dans un mauvais mélo ! Pour ne pas perdre le peu de dignité que j'avais réussi à garder, je n'ai pas cherché à savoir.

Au vu des distances que certains collègues prenaient maintenant à mon égard, force m'était cependant d'admettre que la mutation de mon supérieur avait fait disparaître mon filet de sécurité. Et me souvenant de la proposition de me mettre à l'abri dans un service moins en vue et moins menacé qu'il m'avait faite un jour alors que nous déjeunions, je regrettais de l'avoir refusée au prétexte que je n'étais pas allée au bout du projet social qu'il m'avait confié. En réalité, parce que j'aimais ce que je faisais, parce que le poste que j'occupais représentait l'aboutissement de mes ambitions et que je ne voulais pas qu'on m'en dessaisisse.

Radio Maison annonçait l'arrivée d'un coupeur de têtes. Il était, comme il se doit, précédé de sa réputation. On le disait mesquin, alcoolique, aimant les femmes…

Il était arrivé. Je le croisai sans le savoir dans l'ascenseur. Des dossiers plein les bras, je me rendais à une réunion de travail.

S'il n'avait pas la prestance de Steve Mc Queen – il était petit et râblé –, ses yeux étaient du même bleu que ceux de la vedette, il en jouait avec autant de dextérité que l'autre jouait du colt. Ils me balayèrent des pieds au sommet du brushing, redescendirent sur mes seins compressés par les chemises cartonnées et allèrent se ficher dans les miens pour terminer l'expertise. Je soutins son regard et haussai les épaules pour signifier mon absence d'intérêt, quand il énonça mi-figue mi-raisin : « Une bien grosse charge pour une si petite femme. » La double allusion à ma petite taille et à la faiblesse génétique du sexe féminin m'agaça de même que le sourire carnassier qui remonta les pommettes couperosées et l'œil qui se voulait séducteur. Je répondis par un sourire moqueur et un nouveau haussement d'épaules qui crispa brièvement son visage. L'atterrissage de l'ascenseur me libéra. Occupée par mon travail, j'oubliai l'incident.

Je paniquai en le retrouvant le soir dans l'entrée de la salle de réception. L'état-major y avait été convié pour un gala de présentation à son nouveau chef. On avait également convié les conjoints. Mon mari à qui je transmis l'invitation, en lui laissant entrevoir que j'avais besoin de son soutien, me renvoya dans les cordes, me disant qu'il avait bien mieux à faire que d'aller jouer les princes consorts en ma compagnie.

Le ton calme et détaché sur lequel la chose fut dite m'avait troublée en me donnant le sentiment que mon compagnon avait changé. Finis nos touchers de mains furtifs et les tendresses que nous échangions, pour la galerie disais-je, mais qui révélaient quand même un peu de complicité. Une mer étale d'indifférence avait recouvert notre quotidien. Elle s'émaillait soudain de quelques détails auxquels je n'avais pas attaché assez d'importance : un parfum inconnu sur le col de sa veste, un numéro de téléphone en boule dans une poche, un long cheveu roux sur l'appuie-tête de sa voiture et tous ces appels téléphoniques anonymes que notre inscription sur la liste rouge n'avait pas fait cesser.

Mais l'heure n'était pas aux questionnements qui déstabilisent, je devais faire face à l'urgence de me rétablir aux yeux de l'homme de l'ascenseur dont je m'étais fait un ennemi.

La revue avait été réglée pour qu'il n'y ait ni passe-droits ni bousculades. Au fur et à mesure de notre arrivée, nous prîmes place en file indienne et serpentâmes au rythme de l'*Adagio* d'Albinoni que les haut-parleurs diffusaient en boucle. Arrivés à hauteur du patron, nous devions décliner nos noms, prénoms, grades, fonctions et passer.

En dix ou quinzième position derrière mes collègues en costumes stricts, cravates tristes, cols empesés et boutons de manchettes, flanqués de leurs charmantes épouses, j'attendais mon tour, revêtue d'un tailleur-pantalon, mais perchée sur sept centimètres de talons ; seule concession à ma condition de femme, faite pour remédier à ma petite taille que je déplorais.

J'avais longtemps hésité, dans les deux heures précédentes, sur le choix de ma tenue. Robe, jupe, pantalon ? Sans renier ma féminité, je ne voulais ni singer le masculin ni me discréditer par un excès de coquetterie.

À quelques encablures de la ligne d'arrivée, mon assurance de surface me lâcha. Je faseyais sous le vent de l'angoisse tandis que la vague de mes prédécesseurs s'écoulait trop vite à mon gré, me propulsant en première ligne. Balbutiante, incohérente, j'avais tout oublié de mon rôle et de mes inscrits. La houle humaine qui m'avait amenée se désagrégea à l'intérieur de la salle, celle qui me suivait s'était figée comme pour obéir à un ordre muet lancé par celui qui sciemment prolongeait notre tête-à-tête. Je perdis pied, m'enlisai. J'avais les jambes qui flageolaient, le cœur qui cognait et un cerveau en coton.

L'azur des yeux de mon patron vira au gris d'orage, ils me désintégrèrent comme un lance-flammes sa cible. Pour y échapper, je posai les miens sur la seule femme placée dans mon champ de vision. Deux pas en arrière de mon bourreau, elle le dominait de plusieurs centimètres. Dans le désordre de mes pensées, elle s'imposa comme la Juno Moneta, la déesse qui avertit.

Aurait-elle reçu mission de me prévenir d'un danger ? Elle semblait troublée, hésitant à me faire signe, puis finalement y renonça ; son regard lâcha le mien. Dans la soirée, j'allais tout apprendre sur elle par la bouche d'un bavard bien informé, et notamment qu'elle était la nouvelle jeune compagne de l'exécuteur. Faisant fonction de secrétaire, à la place de celle qui remplissait précédemment cette fonction auprès du patron précédent, dans des conditions normales, elle disposait d'un bureau de ministre adjacent à celui de son bienfaiteur.

Ouf, j'étais passée, sans gloire, presque en déroute, mais passée tout de même ! Alors que mes pieds retrouvaient leur assise, que mon cœur se calmait et que mes neurones se remettaient à fonctionner, je me morigénais. Un, d'avoir donné l'image d'une faible femme à un homme susceptible de m'abattre. Deux, d'aller, ma coupe de champagne à la main, quémander la compagnie de mes collègues masculins qui, depuis quelque temps, me fuyaient comme si j'étais contagieuse.

Je cherchai mon ami Antoine, certaine que d'un signe ou d'un mot, il allait me remettre sur mes bases. J'eus la surprise de le découvrir dans le sillage du boss, tous sourires dehors, comme s'il venait de retrouver un vieux copain de service militaire. J'apprendrais par la suite que l'armée n'avait rien à voir avec leur amitié, ils la tenaient d'une autre chapelle de fraternité. Il fit semblant de ne pas m'avoir vue.

Dans un sursaut de dignité, j'allai m'appuyer, seule, à une colonne de la salle, les yeux fixés pour me donner une contenance, sur les bulles irisées de ma boisson qui venaient crever à la surface de mon verre.

Perché sur une estrade, notre dieu miniature tonnait, foudroyant les lymphatiques, exaltant les téméraires qui choisiraient de s'atteler à son char. À ceux-là, il promettait une aube nouvelle et des retombées sonnantes en échange de leur total investissement.

Sans trop écouter son discours, je regardais la jolie jeune femme qui avait choisi de partager son lit et son quotidien. Aimait-elle vraiment cet homme aussi peu « aimable » ? Serait-elle sensible au prestige du titre et à ses avantages ? Un bureau de ministre dans l'antichambre du pacha et la révérence de quelques faux culs ?

Elle m'était sympathique. Je la regardais pianoter fébrilement sur les touches de son magnétophone d'un air angoissé pour ne rien louper du discours du *magister* et de la salve d'applaudissements qui en salua la chute. Était-elle envoûtée, à la botte du petit homme ou seulement opportuniste et cabotine ?

J'avais envie de la tirer par la manche du spencer de taffetas qu'elle portait sur une jupe trop courte faussement chic qui jurait avec sa silhouette androgyne et de l'emmener sur le parking pour discuter entre femmes. Je lui aurais conseillé primo de s'habiller autrement, deuzio de s'assumer toute seule, tertio de quitter le vilain qui lui mangeait sa jeunesse... Tout ça au nom de la solidarité féminine et de notre dignité que la majorité des hommes, le mien en tête, mettait à mal ! Une analyse qu'en temps ordinaire j'aurais qualifiée d'excessive.

Au lieu de m'exécuter, je restai lâchement adossée à mon pilier, subjuguée par la suivante. J'avais l'impression que mon cerveau trop plein d'inquiétude avait disjoncté et qu'il se polarisait sur cette femme dont je n'avais rien à faire.

Le champagne avait tiédi dans ma coupe et je décidai de partir, lorsque je vis venir l'ogre vers moi. Le regard aiguisé et la mine réjouie du petit personnage me donnaient à craindre. En dépit de la raison, j'espérais encore que le ciel me donne une dernière chance et je décidai cette fois de ne pas la laisser passer. Je vidai mon verre, le posai sur la table la plus proche et voguai vers lui, souriante et décontractée, modeste, bien décidée à lui donner de la révérence puisqu'il aimait ça. Sous mon crâne, les invectives se bousculaient, mais je me voulais amène, angélique et adorante au besoin.

Je ne dus pas être bonne dans le rôle ; il me toisa et proféra une seule phrase lourde de menaces : « Demain soir, sept heures, dans mon bureau. Bonsoir, madame. » C'était une façon radicale de me congédier.

Dehors, la nuit était scintillante et la fraîcheur de l'air, succédant au soleil brûlant de la journée, exhalait les odeurs de macadam surchauffé mêlées aux effluves de café venus des terrasses de bars avoisinant la place Bretagne. Sur la rumeur de la ville, une ballade irlandaise s'imposait, échappée d'une fenêtre ouverte. Mais la beauté du ciel, la musique étaient ce soir-là, inopérantes sur le stress qui m'envahissait. Rien ne pouvait endiguer la menace contenue dans le : « demain soir, sept heures, dans mon bureau » qui passait en boucle dans ma tête.

Avant d'être arrivée chez moi, je stoppai ma voiture et me mis à sangloter : j'avais peur.

Dans la lumière des réverbères qui jalonnaient la rue, ma maison découpait sa masse sombre, aucune de ses fenêtres n'était éclairée. En mettant ma voiture au garage, je constatai que celle de mon mari n'était pas là. Il n'était pas rentré.

Passée la grille, j'entendis le téléphone qui sonnait à l'intérieur de la maison et, fébrilement, je fouillai mon sac fourre-tout pour y trouver mes clés, en suppliant que la sonnerie ne s'interrompe pas. J'avais désespérément besoin de parler à quelqu'un, à mon époux de préférence pour lui raconter mes malheurs sans fausse honte, comme me le permettait notre vieille complicité ; à défaut à cette femme qui accaparait ma ligne téléphonique depuis quelque temps, car depuis que tout s'écroulait autour de moi, j'avais décidé que c'était une femme et qu'elle avait séduit mon mari.

La sonnerie s'arrêta avant que je puisse retrouver mon trousseau.

En évidence sur la table du salon, un mot de Serge m'informait qu'il ne rentrerait pas ce soir-là.

J'avais pleuré devant la menace qui pesait sur ma vie professionnelle, celle qui plombait ma vie privée me laissa hébétée. Je n'arrivais pas à mettre des images sur un futur sans mon compagnon. La concrétisation du péril chassa de ma mémoire ce qui alimentait ma colère ; elle ne flasha plus que sur des moments de bonheur lointains et oubliés.

J'allai d'une pièce à l'autre de la maison, reproduisant les gestes rituels qu'il effectuait chaque soir : s'assurer de la fermeture des portes et de l'extinction des lampes, ranger une pipe, vider son cendrier, plier un pull oublié sur une chaise. Ces riens qui lui appartenaient m'autorisèrent mentalement à l'attendre.

Quand je n'eus plus rien à faire, qu'à marcher sur les lattes de mon parquet, le long d'une ligne droite, comme une funambule au-dessus du vide, le vertige me saisit. Chancelante, je décidai de m'asseoir : le contact du cuir craquelé de son fauteuil que je choisis sans réfléchir et l'odeur de tabac qui l'imprégnait déclenchèrent mes larmes.

Une heure plus tard, complètement vidée, j'avalai un whisky et deux somnifères.

Chapitre 5

J'étais levée avant le jour et avalai mon petit déjeuner sur la paillasse de l'évier pour ne pas risquer de m'exposer à la réminiscence d'un rituel matinal de couple qui me ferait souffrir. J'avais besoin de toute mon énergie pour vivre l'attente des sept heures fatidiques.

Pour la première fois, je ne descendis pas à la cafeteria prendre un premier expresso, je prétextai un travail urgent pour qu'on ne me dérange pas. Si l'on forçait ma porte, je fuyais les regards pour ne pas y lire la compassion, tant j'étais sûre qu'ils savaient. Une boule d'angoisse allait et venait de ma gorge au creux de mon ventre. Lorsque j'essayais de la neutraliser, elle attendait, tapie, que le claquement des aiguilles passant sur l'heure ou la demie à la pendule murale la réactive.

À dix-huit heures, l'étage se vida après un rapide bonsoir accompagné pour certains d'un regard inquiet qui interrogeait, auquel j'opposais un bref « à demain » qui dissuadait d'insister.

Une fois seule, je rangeai mes dossiers qui n'avaient guère avancé et, n'ayant plus à donner le change, j'attendis. Debout devant la large baie vitrée, je regardais sans les voir les toits de la ville, le bras d'une grue sur un chantier, la tour bleue et or de l'ancienne usine « Lu » et le ruban d'acier de la Loire que le soleil émaillait.

À dix-huit heures quarante-cinq, je me rendis aux toilettes et me remaquillai. Je pensai soudain au coup de fil que je m'étais promis de passer à la maison, pour entendre Serge me rassurer, justifier son absence de la veille par une raison que je puisse faire semblant de croire, même si j'avais la quasi-certitude qu'il vivait un nouvel amour et que, cette fois-là, il ne s'agissait pas d'une aventure passagère. Sans vouloir me l'avouer, je savais depuis mon réveil que j'étais prête à toutes les bassesses pour garder mon mari. Étais-je donc devenue si faible pour être devenue si partageuse !

J'avais le cœur qui s'affolait et l'esprit en déroute. Juste avant de frapper à la porte de celle que j'appelais Juno Moneta, je pariai avec le sort. Si c'était elle qui m'ouvrait, tout irait bien. J'écoutai intensément les pas qui venaient vers moi, voulant désespérément leur trouver une légèreté féminine. Ce fut le bourreau qui vint m'ouvrir.

À sa suite, je traversai une pièce où flottait encore une odeur vanillée, l'occupante devait avoir quitté les lieux juste avant mon arrivée. L'épaisse moquette qui recouvrait le sol du bureau directorial absorbait les pointes de mes talons aiguilles. Dans la semi-obscurité ambiante, sur mes jambes de flanelle, j'avançai comme un robot à la mécanique déréglée.

Je manquai m'asseoir à côté du fauteuil qu'il m'indiquait. Pendant ce temps, il contourna sa table de travail, essayant de plier une règle en plastique qu'il avait prise au passage pour se donner une contenance. J'enregistrais ses gestes, la tête vide, je n'étais pas autre chose qu'une caisse de résonance.

Sa voix me percuta :

— Madame, vous avez outrepassé vos prérogatives !

Suivit un silence durant lequel, tête penchée, il sembla chercher des arguments pour étoffer son accusation. De savoir enfin pourquoi j'étais là me rendit l'énergie que l'attente avait consumée, je me préparai à riposter. Aucun dossier, j'en étais sûre n'était passé au travers du filet de protection d'étude, contre-étude, avis, contre-avis que la règle rendait obligatoire. Sa pesanteur hiérarchique m'avait souvent excédée, ce jour-là, elle était ma couverture. Je repensai également à toutes les garanties dont je m'étais entourée pour traiter les affaires conséquentes, aux budgets importants qu'on m'accordait en haut lieu parisien pour les réaliser, aux congratulations qui suivaient...

Je me croyais hors d'atteinte.

Je me préparais à le lui rappeler quand la voix précisa.

— Madame, vous utilisez votre voiture de service à des fins personnelles. On vous a vue en retirer votre panier à provisions.

Tout mon système de défense s'écroula. Aucun de mes marchés n'était délictueux, ma comptabilité était rigoureuse et chaque écu qu'on m'avait alloué avait été dépensé pour le bien public. Je n'avais pas mis les services sociaux en péril en posant des actes non avalisés par ma hiérarchie, mais j'avais transporté mes pommes de terre et mes carottes dans un véhicule administratif qu'on m'autorisait à stationner chez moi, à deux kilomètres de mon bureau, compte tenu de mes nombreux déplacements. Il y avait eu collusion entre l'attaché-case et le cabas.

Je n'écoutais aucune précision, je me fichais des dates et des lieux de mes méfaits, comme des « on » qui m'avaient dénoncée. J'étais abasourdie par la puérilité de l'accusation et les mots, les phrases, l'idée même d'une défense plausible me fuyaient. Certes, je faisais mes courses chaque soir en rentrant à la maison, mais quel danger faisais-je courir au patrimoine administratif en stationnant ma Clio devant mon supermarché habituel situé sur le chemin de ma maison ? Je n'y avais vu qu'une manière de faire logique et un gain de temps appréciable sans chercher à en retirer d'autres profits. Comment expliquer cela à un homme, qui n'avait sans doute jamais eu le souci de la baguette de pain quotidienne, sans faire référence à ma condition de femme pour me justifier. Je n'allais pas me renier pour quelques provisions de bouche !

Dépourvue d'arguments, autres que celui qui ferait tant plaisir à ce macho, je gardai le silence. Il dut l'interpréter comme un aveu de culpabilité. Satisfait de m'avoir mise à genoux, il jugea princier de se montrer magnanime en m'assurant qu'il m'offrait une petite chance de me racheter en m'accordant quinze jours de mise à l'épreuve.

Il ne parla plus de mon véhicule administratif, le prétexte lui semblait sans doute trop futile pour être retenu. En jouant de la règle en plastique qu'il n'avait pas lâchée comme d'un moulinet, il hocha la tête à plusieurs reprises, marmonna des bouts de phrases, se gratta le cuir chevelu pour en faire sourdre l'inspiration. Sans nul doute, les stages de « schémas de courbes de deuil » censés apprendre aux managers à casser les indésirables en douceur et sans dommages collatéraux lui manquaient. Mon absence de réaction qui pouvait s'apparenter à un refus de comprendre le perturbait. Au bord de l'apoplexie, due peut-être à l'impossibilité qu'il avait pour l'instant de descendre l'une des mignonnettes de whisky qu'il gardait dans son tiroir, il éructa : « Je vous retire toute autorité et tout pouvoir de décision quant à la gestion de votre service. Vous dépendrez désormais de M… »

Au-delà d'une humiliation, c'était une quasi-rétrogradation ; je devais en référer à l'un de mes subordonnés.

Je l'assurai d'une voix blanche que, comme il l'exigeait, je soumettrais dorénavant mes écrits et mes actes, fussent-ils mineurs, au superviseur qu'il me désigna pour cette période probatoire.

J'avais enfin compris ! Il rayonnait devant mon absence de résistance. Décompression et résignation, les phases suivantes du « schéma de courbe de deuil » dont il avait saisi l'esprit avant la lettre me viendraient tout naturellement, il en était certain, durant le délai qu'il m'accordait. Je n'étais pas dupe de ce délai de complaisance ; c'était le sas du placard.

Satisfait, il en devenait presque paternaliste ; il ébaucha le geste de me prendre par l'épaule pour me reconduire. Lorsque je m'écartai brusquement, je le sentis refréner une bouffée de violence, seule la coloration de ses joues couperosées et ses yeux revolvers le trahissaient.

Laminée, je repris l'ascenseur dans un état second et, à l'abri du regard des femmes de ménage qui poussaient leur chariot dans les couloirs, je pleurai longtemps, la tête entre mes bras, sur l'impeccable plateau ciré de mon bureau ministre.

Puis vint l'heure de rentrer à la maison et je commençai tout de suite ma peine en garant la fausse preuve à conviction de ma faute dans le parking et en prenant les transports en commun.

Les cinq cents mètres que je dus parcourir à pied après être descendue de l'autobus me furent salutaires. Je n'avais pas le goût des larmes, mais plutôt celui de la vie ; elle était là, tout autour de moi, et elle me sollicitait. Mon enfance avait été campagnarde et, depuis toujours, la nature me ressourçait. Ce soir-là, en dépit de ce que je venais d'encaisser, je n'échappai pas au charme des espaces verts de ma banlieue nantaise qu'on n'avait pas encore entièrement bétonnée.

C'était une belle soirée de juin et le petit vent doux, apportait des odeurs de fenaisons émanant des pelouses qu'on avait tondues. Des enfants y jouaient au foot malgré les panneaux d'interdiction. Je me demandais si les nez de ces enfants de cité étaient comme le mien en capacité de les renifler, eux qui n'avaient jamais vu un champ ailleurs qu'à la télé. Avaient-ils seulement l'envie d'aller faire des cabanes dans le bouquet de châtaigniers que la ville leur avait concédé au titre de poumon vert, pour se faire pardonner de devoir abattre les chênes centenaires sur lesquels leur immeuble avait poussé ? J'en doutais, si j'en croyais mes jeunes collègues qui dénonçaient l'attirance obsessionnelle de leurs enfants pour le petit écran et les jeux vidéo.

Pour la première fois, je pris le temps de regarder autour de moi et je découvris une ambiance étrange autour du petit centre commercial où un an seulement auparavant il m'était arrivé de faire quelques courses dans le calme.

La maison de quartier, baptisée « La Ferme » semblait pour le moment totalement déserte. Au travers des vitres éclairées, j'aperçus des chaises vides rangées le long des murs aux graphismes colorés. Devant la porte, une seule voiture stationnait. Appuyé à l'une des portières, un homme d'une trentaine d'années, l'animateur probablement, attendait en fumant une cigarette qu'un jeune s'aperçoive de sa présence.

Sur le trottoir d'en face, c'était très différent. J'avais l'impression d'assister à la projection d'un film en accéléré. La supérette affichait complet. L'unique caissière chargée d'assurer la fermeture poussait sur le trottoir les retardataires et leurs caddies débordants dont quelques spécimens désossés, amputés des roues ou de toute autre partie monnayable, jonchaient parfois pendant plusieurs jours un ancien espace de jeux, désormais squatté par quelques VTT et beaucoup de cyclomoteurs.

Parmi les acheteuses, je distinguai plusieurs femmes de couleur, certaines voilées ou enturbannées, vêtues de boubous ou d'amples jupes colorées. Elles se hâtaient vers des voitures dont les portières étaient de vrais patchworks de couleurs et je m'arrêtai pour les regarder tant leur façon de faire me surprenait.

Elles plongeaient du chariot au coffre pour y ranger leurs emplettes comme si elles étaient chronométrées. Sitôt vide, elles expédiaient l'engin d'un coup de pied contre le trottoir, occupées qu'elles étaient des deux mains à repousser la grappe de cinq ou six enfants qui piaillaient autour d'elles. Les uns exigeaient pour la énième fois une friandise qu'on leur refusait, les autres se battaient pour occuper le siège du caddie. Elles finissaient par refouler tout ce petit monde à l'intérieur de la voiture tandis qu'elles allaient replacer leur chariot toujours à la même cadence au risque de se tordre les pieds sur les gravillons.

Pendant ce temps-là, les maris, assis derrière leur volant, fumaient et plaisantaient d'un véhicule à l'autre, sans se soucier des gamins qui continuaient à chahuter à l'intérieur. De retour dans l'habitacle, la mère distribuait quelques claques qui calmaient les velléitaires, tandis que les hommes échangeaient de bruyantes salutations avec leurs homologues avant de repartir en direction des tours.

À quelques mètres de moi, je regardai deux enfants maghrébins se disputer. La gamine, une douzaine d'années, invectivait son jeune frère qui refusait de rentrer. Elle insista : « Maman dit que c'est l'heure. » Obstinément, à coups de *Nike* rageurs, il envoya valser les gravillons du caniveau dans les jambes de sa sœur et soudain il se déchaîna et lui balança deux coups dans les tibias sans qu'elle ait le temps de se protéger. La jeune fille s'enfuit en hurlant des mots que je ne compris pas.

Devant la maison de la presse et le centre médico-social dont on avait opacifié les vitres, une bande d'adolescents déambulait, l'air suprêmement blasé. En uniforme, pantalons de jogging, pulls noirs à capuches rabattues pour masquer les visages dont on ne distinguait que les regards. Ils avaient l'air d'attendre d'être au complet pour enfourcher leur mob et filer vers les immeubles en marquant à peine le stop qui permettait de déboucher sur la rue. J'eus juste le temps de tirer la gamine sur le trottoir pour lui éviter de passer sous leurs roues.

Elle me remercia et s'en alla sans rien dire comme si le fait d'être une fille l'exposait d'office à toutes les brimades sans qu'elle ait le droit de réagir. Je me dis que comme leurs mères, demain, elle et ses consœurs rempliraient les chariots, distribueraient les gifles à leur marmaille, chercheraient du boulot tandis que leurs maris joueraient les seigneurs au volant d'une voiture cabossée, feraient des lotos et gratteraient des *Millionnaire* en rêvant de décrocher le pactole.

Cette idée me mit en rage. S'il fallait aux femmes européennes des années de débats et de luttes, d'engagement personnel ou associatif, au sein de leur pays, la République des droits de l'homme et de l'égalité, combien de temps faudrait-il aux femmes immigrées, souvent analphabètes et qui avaient dans leur vécu une tradition de soumission, pour se dégager de l'emprise injustifiée des hommes de leur famille ?

Pour la première fois, je pris le temps de regarder ces gens venus habiter dans les tours à proximité de ma rue. Ils ne représentaient jusqu'alors pour moi qu'une population anonyme, parfois dérangeante lorsqu'ils troublaient le bel ordonnancement du quartier ou se rendaient coupables de méfaits que je lisais dans les journaux. Ce jour-là je pris conscience de notre différence, de sa complexité, du rejet qu'elle devait engendrer et des problèmes humains qui devaient en découler.

Le tour d'horizon en dehors de mon périmètre intérieur, que le spectacle de ma rue m'avait obligée à faire, me fit du bien. De prendre conscience des problèmes des autres m'avait presque fait oublier les deux miens, pourtant cruciaux : mon mari, mon boulot. Ils n'allaient pas tarder, hélas ! à refaire surface.

La voiture de Serge stationnait devant la maison ; je pressentis que nous allions avoir une explication. Ma décision était-elle influencée par ce que je venais de voir ? Un sursaut d'orgueil me poussa à ne rien lui dire de mes ennuis professionnels. Je m'assumais en femme forte et autonome... Du moins, c'était ce que je voulais croire !

Il m'attendait dans le salon en fumant. Sitôt entrée, je remarquai les valises posées près de la porte, ce qui signifiait qu'il allait partir.

Depuis toujours, c'étaient les situations intermédiaires qui me perturbaient. Lorsque les menaces se concrétisaient, je faisais face.

J'engageai le fer avec violence, à coups de mots que je ne maîtrisais pas, des mots de colère et de hargne alors qu'au fond de moi je n'avais que peur et désespoir. Je criai qu'il ne m'avait jamais comprise, il rétorqua que je ne l'avais jamais aimé. Nos trente années de vie commune tenaient dans cette phrase. Autour d'elle, il n'y avait que de pauvres arguments que nous nous jetions à la tête sans conviction parce que nous n'étions pas suffisamment persuadés de leur vérité. « Les lâches quittent le navire lorsqu'il coule. » « J'en ai marre de n'être qu'un faire-valoir, mon numéro de figuration est terminé. » Lorsqu'il me dit qu'il aimait une autre femme, je pleurai autant du malheur d'être supplantée que du regret d'avoir toujours été celle qui choisissait un homme au lieu d'être choisie.

En m'embrassant pour me dire adieu, il m'assura que ça valait mieux comme ça, qu'il n'avait jamais été à la hauteur de mes rêves, qu'il y avait pour moi un autre homme... À court de mots, il ajouta, « je te fais confiance », et j'entendis son coup d'accélérateur rageur qui précipita les graviers sur la pelouse...

Il était parti.

Toute dignité m'abandonna. Pelotonnée au creux du fauteuil qui gardait son odeur, je regardais sans les voir les images sur l'écran du téléviseur. Il n'avait fallu que quelques jours pour que mon univers de certitudes professionnelles et affectives s'écroule, faute d'avoir trop cru à son indestructibilité. J'avais trop misé sur mon pouvoir de maîtriser les événements et les hommes, il m'échappait et j'avais l'impression de n'être plus rien, car ce pouvoir constituait l'essence de ma vie. Autant et plus que mes trente années d'engagement professionnel, mes trente années de chaos conjugal m'apparurent alors comme un paradis perdu et mon avenir sans l'un et l'autre était un vide sinistre.

À minuit passé, gelée et désespérée, j'avalai à nouveau whiskys et somnifères en espérant dormir pour oublier.

Chapitre 6

Le lendemain, je réunis mon personnel pour l'informer que je n'avais plus la main et que quelqu'un d'autre déciderait à ma place. Les femmes se récrièrent en bloc ; elles étaient dégoûtées, c'était totalement injuste, dirent-elles. Inquiètes pour moi et pour elles, elles me pressaient de questions auxquelles je ne pouvais répondre que par : « Je suis en sursis ; mon travail et le vôtre doivent être supervisés par M… »

L'information souleva une nouvelle vague de réprobation : « Mais il n'y connaît rien. » Je me contentai d'un haussement d'épaules. Elles comme moi savions que la mesure était uniquement vexatoire.

Mon adjoint, comme par hasard, avait pris de courtes vacances.

M. Salit se rapprocha insensiblement de la porte pour regagner son bureau où l'attendait *Paris Turf*. Moi ou un autre, il s'en moquait, car il était dans la dernière ligne droite avant la retraite.

Je hantais désormais les couloirs, chargée des dossiers que je devais soumettre à mon référent. Ennuyé par mes coups de fil pressants et mes visites-surprises, il proposa de lever ma punition de son propre chef en me confiant le tampon « vu » certifié par son paraphe qu'il apposait généreusement et sans les lire sur tous mes papiers. Prise au piège de la transparence et, parce que j'avais peur de perdre une dernière chance s'il m'en restait une, je refusai.

Pas une lettre, pas une autorisation de sortie, de personne, de matériel ou de véhicule ne paraîtraient sans être revêtues de son laissez-passer. Et pourtant, le faux pas eut lieu… Je n'avais pas repris la délégation de signature donnée à mon bras droit, revenu juste à point de son congé, pour autoriser de son propre chef la sortie d'un car administratif emmenant une cinquantaine d'agents rejoindre leurs enfants au bord de la mer le temps d'un week-end. Ma responsabilité était incontestable. Laxisme, faute professionnelle allaient précipiter ma mise au placard prévue et organisée. Je n'avais rien vu venir.

Je ne retournerais pas dans l'antre de l'ogre, il me croqua par téléphone et d'une seule bouchée, un soir à l'heure exacte de notre précédent rendez-vous. Sans doute était-ce le moment où il jouissait le mieux de ses coups bas. Je l'entendis saliver de joie en me broyant. Il prononça mon éviction comme on avale un nectar : « Demain matin, vous quitterez votre service. »

Je n'avais plus qu'un objectif : rentrer chez moi. Je cadenassai la phrase assassine dans ma tête, y installai un état d'hébétude pour que l'idée ne me ravage pas.

Dans l'autobus, je regardais des gens composter leur ticket, s'excuser, se bousculer pour atteindre une place. Dans la rue, les feux passaient au rouge et le véhicule stoppait, ils redevenaient verts, il repartait. Il stoppait à nouveau : les portes s'ouvraient, des gens descendaient, d'autres montaient. L'autobus roulait et, au même rythme, je roulais, emplie de ce film muet.

Mue par l'habitude, je descendis à mon arrêt. Mécaniquement, les yeux sur mes chaussures, j'enfilai ma rue. L'obligation de fouiller dans mon sac pour trouver mes clés qui, d'habitude, m'irritait me laissa insensible. Je vis un oiseau picorer des graines que j'avais semées dans un parterre, sans avoir l'idée de l'en empêcher, un courrier dépasser de la boîte aux lettres, sans avoir envie de le prendre. Je mis toute mon énergie à tenir « l'idée » sous les verrous. Si je me distrayais de ma vigilance, l'incarcérée allait se libérer et me désintégrer.

Chez moi, à l'abri de mes murs, je la lâchais enfin. Ce fut drapée dans l'imperméable que Serge avait oublié au portemanteau qu'elle m'agressa.

La désertion de mon compagnon m'incisa brusquement le cœur. La vue de mon attaché-case, que je n'avais pas jugé utile d'emporter ce matin, réactiva la ravageuse ; virée, virée, quittée, quittée... Les mots tapaient dans ma tête comme un marteau sur un métal en fusion. Ils s'affichaient, se désintégraient, se reformaient, explosaient en éblouissements, m'obligeant à m'asseoir sur le carrelage pour ne pas perdre l'équilibre.

Je rampai jusqu'au bar où je gardais les alcools et bus au goulot pour arrêter le film.

Le lendemain, contrainte par l'horaire des bus qui étaient pour le moment mon seul moyen de transport, j'arrivai au bureau avant tout le monde.

Mon adjoint devenu mon remplaçant était déjà dans la place. Il avait posé sur mon ex-bureau son attaché-case flambant neuf, symbole incontournable de sa nouvelle position hiérarchique.

Craignant d'afficher trop ouvertement son triomphe, il s'absorba dans la contemplation de la ville en contrebas pendant que je récupérais mes affaires personnelles. À intervalles réguliers, il risquait un regard pour évaluer l'avancement des opérations. Il ne réagit pas en me voyant décrocher deux posters d'inspiration marine offerts par les femmes de mon service à l'occasion d'anniversaires.

Je serais partie très vite pour ne pas prolonger mon humiliation, si j'avais su où aller me poser. Je traînais pour ne pas attendre dans le couloir qu'un responsable de la logistique vienne me reloger.

Je n'avais plus ni larmes ni colère, seulement de la honte. J'avais honte de moi comme si j'étais coupable et je craignais les questions, les sourires compatissants ou réjouis dont j'aurais été inévitablement l'objet si je m'étais tenue sur un lieu de passage.

La logistique n'avait reçu aucune consigne et, sans consigne, il n'y avait pas de décision possible. Gêné, mon collègue du service des bâtiments, alerté par la rumeur qui se répandait à la cafeteria et dans les étages, vint m'en informer. Il balançait entre l'envie de me rendre service et le risque qu'il courait à secourir une poudrière. Je commençais à envisager sérieusement de rentrer chez moi. Je le lui dis et, après qu'il eut pesé le pour et le contre, nous partîmes en reconnaissance dans les étages. Au début, il chercha à me rendre un cadre équivalent à celui que je venais de quitter, mais il dut vite y renoncer, car tous les fauteuils grand confort avaient, semblait-il, déjà, d'après ses documents, un propriétaire, réel, potentiel ou virtuel qui viendrait un jour les revendiquer.

Au second palier, réservé au matériel, un local venait d'être libéré. Des élastiques, des bouts de ficelle et quelques billes de polystyrène traînaient encore sur le sol sillonné de câbles et de prises électriques. Mon accompagnant était dans ses petits souliers, son regard allait de la moquette labourée à la tenture déchirée qui révélait d'étranges géométries de murs gris. Gris était aussi le bureau métallique sur lequel je pus enfin poser mon sac et mes œuvres d'art. Mon soupir de soulagement fit écho au sien, plein de regrets ; il tenta une tirade d'où émergeaient les mots « excuses » et « provisoire » et je réussis à lui sourire pour qu'il disparaisse ; braver était tout ce dont je disposais pour sauvegarder un reste de dignité.

Une fois seule, je m'autorisai encore quelques larmes, me jurant que ce seraient les dernières. Je fis le tour des pièces voisines, à la recherche d'un fauteuil. J'en dénichai un qui perdait sa bourre par les accrocs du plastique et ramassai aussi deux pointes fines que j'enfonçai dans la cloison à l'aide de mon talon aiguille. J'y suspendis mes bateaux qui voguaient sereinement toutes voiles dehors sur la mer indigo.

Affalée dans mon fauteuil crevé, je partis en croisière à leur bord. Un projet que nous n'avions pas pris le temps de réaliser à deux, à cause de mes absences, de mon travail. « L'idée » revint me vriller la tête et le cœur.

Un téléphone sonna à l'étage et je m'aperçus que j'en étais dépourvue. Bouger allait me débarrasser de « la lancinante ». Je repartis à la chasse au trésor dans les pièces voisines. Il me le fallait dans l'instant pour appeler, être appelée, dire où j'étais. Dès que j'en eus branché un, j'en guettai la sonnerie, n'osant encombrer la ligne et risquer de manquer un contact hypothétique.

Le silence persistant m'abattait. Je n'avais rien à faire, rien à dire, personne à joindre impérativement. Je n'étais plus rien. Avais-je d'ailleurs été quelque chose d'autre qu'une baudruche incapable, gonflée d'orgueil, parvenue à un poste dont elle n'avait pas la pointure ? Je m'engageai dans une introspection destructrice, débusquant les motifs inavouables qui avaient décidé de chacun de mes choix, de mes plus infimes décisions, traquant manquements, erreurs d'appréciation, de pilotage sans la moindre concession. Roulant ainsi sans freins sur la pente de la faute professionnelle, j'allais aborder le champ de ma vie privée pour la passer au même crible et échouer finalement au désert de mon ego coupable et incapable de bien, quand un violent mal de tête me secoua.

En panne, ma caméra intérieure s'éteignit et le film de mes rétrospectives tourna dans le vide. Un éclair flasha sous mes paupières fermées et l'image de mon tourmenteur m'apparut en gros plan. Je réduisis le petit homme à un signe, une rature de plume involontaire au bas d'une page, sa décision de m'exclure à un grain de sable qui allait me blesser le pied et m'empêcher d'avancer si je ne m'en débarrassais pas. Je dessinai le tout sur la poussière de mon bureau pour matérialiser ma pensée à l'aide de deux ou trois traits les plus élémentaires possible. Puis, la tête vidée de mes divagations, j'écrivis sur la feuille du jour de l'éphéméride, récupérée dans mes affaires : « harcèlement moral » et fixai le papier sur le mur qui me faisait face pour ne pas l'oublier et repartir sonder le cours de mes trente dernières années en me battant la coulpe.

J'aurais pu en appeler à la presse, aux associations de défense des femmes pour qu'elles dénoncent mon exclusion et le racisme de sexe dont je faisais les frais. J'y renonçai, car j'avais honte, comme les femmes battues ont honte d'aller dénoncer leur tourmenteur. Empoisonnées par des relents de culpabilité, elles perdent de vue qu'elles sont avant tout des victimes. J'étais aussi aveuglée qu'elles peuvent l'être, en passe de penser que je payais pour être sortie des rails dévolus aux femmes. Pour réclamer un arbitrage extérieur, il m'aurait fallu mettre mon psychisme à nu, étaler toutes mes vies, professionnelle et privée, étroitement imbriquées. Je n'en avais ni le courage ni l'audace.

Les délégués des trois organisations syndicales que j'invitai à venir visiter mon trou ne m'en demandaient pas tant. Ils acceptèrent par acquit de conscience, mais ils refusèrent d'aborder les raisons de ma mise au placard et les conditions dans lesquelles le petit homme m'y avait expédiée. Lorsque j'insistai pour décrire notre entrevue de dix minutes chrono, le soir, après la fermeture des bureaux, ils biaisèrent pour ne pas prendre parti. Ils se retranchèrent derrière la nécessaire disparition des services sociaux dans l'objectif de rentabilité propre à une future entreprise privée. Lorsque je les ramenai sur le terrain de l'humain qui avait toujours été leur fonds de commerce, en dénonçant la manière dont j'avais été traitée, ils bottèrent en touche, arguant du fait que si j'étais la première à être virée, je ne serais pas la dernière, mutation de l'entreprise oblige. J'avais essuyé les plâtres ; on affinerait certainement le procédé dans l'avenir ! Ils ne firent aucun commentaire sur la précarité de mon installation, le dénuement de mon nouveau cadre. Mal à l'aise, privés de mes anciens confortables fauteuils dans lesquels ils auraient volontiers passé des heures autrefois pour me convaincre de les suivre, ils déguisaient mal sous des sourires polis leur violente envie de s'en aller pour ne pas avoir à me défendre au risque de mécontenter le tout-puissant. Ils étaient mon dernier appel au secours. Désormais, j'assumerais seule mon problème professionnel. Il m'appartenait de m'y noyer ou d'en émerger à la force de ma volonté. Le petit homme ne m'avait pris ni mon énergie ni mon libre arbitre.

Chapitre 7

Mes belles résolutions du soir ne furent pas forcément d'actualité le lendemain, lorsqu'il me fallut revenir au bureau où rien n'exigeait ma présence.

Ma journée commença mal, j'avais perdu une demi-heure à tenter vainement de capter mon fidèle « sept-neuf » sur la radio de la vieille R5 que je venais d'acheter et on faisait la queue sur la route de Vannes et en centre-ville. Je finirais par arriver au travail en retard.

L'inanité de ma réflexion m'arracha un haussement d'épaules : on ne m'avait pas respectée, je n'avais rien à respecter et je restai philosophiquement dans la file, sans chercher à doubler.

La chape de découragement habituelle me tomba sur les épaules, lorsque je m'assis entre mes murs gris.

Il n'empêche qu'une petite lueur d'espoir se fit jour dans ma tête. Pour l'alimenter et calmer mon impatience, je m'absorbai dans la contemplation de mes bateaux, porteurs d'un symbole de remise à flot : la mienne.

Sur la porte du couloir qui conduisait aux ascenseurs, on avait placardé l'annonce d'une réunion des cadres supérieurs, catégorie à laquelle j'appartenais. Nous étions conviés à débattre avec notre ministre des réformes et des restructurations en cours.

On avait sorti l'arsenal ! Le ministre ; la fois précédente, nous n'avions eu droit qu'à un sous-fifre !

Le cœur battant, j'attendis l'arrivée du courrier, certaine d'y trouver le carton d'invitation qui allait, au moins pour un temps, me redonner mon statut et peut-être me réhabiliter pour peu qu'on me laisse intervenir dans le débat.

Durant l'attente, je m'interrogeais sur mon courage à évoquer mon cas devant notre chef suprême, mais au diable les tergiversations, je traquerais l'occasion de prendre la parole et attaquerais en force. En pensée, j'alignais déjà mes arguments…

Sitôt en possession de ma maigre liasse, j'éparpillai fébrilement les notes inutiles, à la recherche de mon sauf-conduit.

Rien ! Il n'y avait rien ! Je dus me rendre à l'évidence, j'étais rayée des listes, morte, enterrée sous la paperasse administrative.

Pour ne pas céder aux larmes, je me retranchai dans la colère et d'un talon de chaussure rageur, je martelai la pointe qui fixait entre les déchirures du revêtement mural, la page de l'éphéméride sur laquelle j'avais écrit : « harcèlement moral ».

Le placard m'obligea à prendre de nouvelles habitudes. Je ne descendis plus à la cafeteria puisque je cherchais avant tout à fuir les témoins de mon humiliation. Plutôt que d'appeler l'ascenseur, j'utilisais l'escalier où je rencontrais rarement quelqu'un, et si c'était le cas, je prenais tout de suite l'air d'une femme pressée qui faisait sa gymnastique quotidienne : attaque des marches en souplesse et tête baissée pour me dispenser de répondre aux saluts et aux sourires. En arrivant à mon étage, je pointais régulièrement alors que rien ne m'y obligeait, je ne sais pas si c'était pour signer envers et contre tout mon appartenance à la maison ou pour m'éviter d'éventuels nouveaux reproches.

Ma fenêtre donnait désormais sur un parking. Après avoir observé quelque temps la circulation des voitures et des piétons qui le traversaient, je faisais le tour de mes murs, pour en interpréter les taches et les déchirures différemment de la veille ; ils étaient les éléments d'un test psychologique dont j'étais à la fois le testeur et la testée et avaient pour but de m'entretenir les neurones.

Après une petite virée à bord de mes bateaux, je ravivais ma hargne et m'absolvais à haute voix en relisant les deux mots qui me faisaient face, mantra quotidien pour me préserver du découragement qu'engendrait mon désœuvrement. Arrivait l'heure de passage du planton distributeur du courrier. Je guettais le soupir de l'ascenseur qui arrivait à l'étage, le chuintement qui précédait l'ouverture des portes et le glissement des roues caoutchoutées du chariot sur le plastique du sol. J'aurais aimé pouvoir saisir mon dû à travers un judas tant sa maigreur me faisait honte. Pas la moindre enveloppe, encore moins de fax ou de colissimo, seul le paquet standard de notes de service livré sans distinction de grade et de fonction à tous ceux qui travaillaient dans l'immeuble. Elles traitaient des heures d'ouverture et de fermeture des locaux, de l'emplacement des minuteries, appelaient les fumeurs à utiliser les espaces réservés et les femmes à plus de civisme afin de ne pas boucher les toilettes.

Le distributeur ne voyait jamais autre chose qu'un bras tendu à travers l'entrebâillement minimal de ma porte ; de quoi le faire fantasmer s'il aimait les films d'horreur.

Avant de m'asseoir pour lire mes papiers, je tapotais longuement l'assise de mon fauteuil pour redonner un peu de gonflant et de confort à la mousse écrasée par les postérieurs de ses précédents propriétaires, puis armée d'un crayon fluo, je passais au crible du dictionnaire et de la syntaxe les œuvres de monsieur logistique, pour le plaisir de refaire d'anciens gestes. J'allais ensuite les classer dans des dossiers suspendus, étiquetés : Portes, Éclairage, Entretien. J'en avais découvert une batterie dans l'un des tiroirs du bureau gris, ce qui me permit de répartir largement. Si je venais à manquer de chemises cartonnées, il serait toujours temps de condenser.

Ces rangements minutieux et multiples m'occupaient jusqu'à onze heures. Le moment de mettre à rafraîchir ma demi-bouteille de Vittel sur le rebord de la fenêtre. Le seul fait de l'extraire de mon attaché-case – reconverti en garde-manger, car j'y transportais mon repas de midi – déclenchait la tentation de grignoter l'un des Nuts coincé entre les journaux. J'y succombais souvent en lisant *Match* ou *Voici*, car je n'étais pas encore mûre pour rapporter des bouquins de la maison. Feuilleter un magazine me semblait moins impliquant, moins culpabilisant que de lire un livre pendant les heures théoriquement réservées au travail. Comme chez le dentiste ou le coiffeur, je meublais l'attente avant de passer aux choses sérieuses ; le temps du pique-nique sur mon bureau et du petit ménage qui s'ensuivait.

Dès quatorze heures, une irrépressible envie de dormir me prenait. Après avoir donné un tour de clé à ma porte, je me préparais une couche confortable, la joue sur mon foulard pour m'isoler du métal de mon bureau, les pieds dans les tiroirs ouverts pour éviter l'ankylose des jambes, les reins calés par mon manteau plié au creux de mon fauteuil ; je m'accordais une petite sieste.

Les roues caoutchoutées du chariot du planton qui assurait sa deuxième distribution m'alertaient. Je déverrouillais ma porte en douceur. Aussi insignifiant que le premier, mon dû méritait les mêmes soins de lecture et de classement. La chose faite m'autorisait un retour aux magazines. Les faits de guerre, les amours tourmentées des stars et les mariages princiers me tenaient compagnie jusqu'à seize heures trente.

C'était le moment du ramassage du courrier, chariot et planton allaient revenir. Pour ne pas avouer la honte d'avoir été improductive à l'homme qui marathonnait dans les couloirs toute la journée, je verrouillais ma porte en catimini.

Consciencieux à l'extrême, il persistait à actionner la poignée qui résistait. Il avait remis du courrier ce matin, en toute logique, il devait en reprendre ce soir. Blottie dans l'encoignure, ma culpabilité pulsait en décharges d'adrénaline jusqu'à ce que j'entende ses roues et ses semelles s'éloigner.

À seize heures cinquante-sept, avant que les couloirs ne se peuplent, je fuyais sans allumer la minuterie à la lueur de la torche que je gardais dans mon sac à main. Je rendais scrupuleusement chaque vendredi les douze minutes resquillées en avançant ma prise de service de la même durée.

Deux mois à ce rythme et les pluies de novembre menacèrent à nouveau mon équilibre fragile. Il fallait que je parle à quelqu'un pour ne pas devenir folle et pour résister à l'envie qui me prenait de plus en plus fréquemment pour échapper au planton, aux escaliers, à la pointeuse, d'ouvrir ma fenêtre et de plonger sur le parking en contrebas. À force de l'observer durant des heures, il me paraissait familier, presque accueillant.

Depuis le début de l'après-midi, j'écoutais en continu le staccato de la pluie qui martelait le toit des voitures. Les feuilles d'automne que le vent collait en post-its y dessinaient un tableau magnétique qui m'obnubilait et m'attirait comme un aimant…

Le pas du planton me fit refermer ma fenêtre en hâte.

À demi lucide, je fuis sans l'attendre vers les escaliers, la sortie, ma voiture.

Informé par Radio Maison de mon état végétatif, entraînant une totale improductivité, mon tourmenteur décida de poursuivre son entreprise de sape psychologique. Il lui apparaissait que j'en étais au stade « décompression » du « schéma des courbes de deuil », la dernière étape avant que je ne décide d'abandonner toute résistance : mes fantasmes, le cocon que je m'étais construit par orgueil entre mes murs gris, les fesses dans mon fauteuil crevé.

Une solution s'imposait : rendre publique ma déchéance qui jusqu'à présent n'avait pas franchi les murs de la direction. J'étais connue et reconnue dans tous les établissements régionaux extérieurs. M'y rendre ridicule me mettrait à terre définitivement.

Un matin, je découvris dans le courrier apporté par le planton, une note informant que j'étais chargée de mission. Mon moral remonta d'un cran ; le mot mission était d'importance et m'ouvrait un champ de perspectives.

À midi, j'en connus la teneur par un coup de téléphone de la secrétaire très particulière du bourreau. Je devais me mettre à la disposition de l'un de mes anciens collègues pour répertorier et compter les clients mauvais payeurs des départements de la région.

Je fis semblant de ne pas être humiliée pour ne pas ajouter à son plaisir. Après avoir pris les ordres de mon collègue, très gêné, je sollicitai auprès du patron du garage qui avait été un temps sous mon autorité, la mise à disposition d'un véhicule pour me rendre dans les services extérieurs. Il ne fut autorisé qu'à m'accorder une 4L poussive pour m'apprendre la modestie.

Je débarquai dans les établissements qui n'avaient pas été prévenus comme un chien dans un jeu de quilles. La plupart me firent sentir que je dérangeais et me laissèrent dans un coin à déchiffrer les listings de statistiques qu'ils n'avaient pas pu décemment me refuser.

Tant bien que mal, je terminai ma mission. C'est alors qu'on me fit savoir, toujours par l'entremise de la secrétaire très particulière, que je n'en assurerais pas la restitution, comme il était d'usage, à l'aréopage de décideurs dont j'avais fait un temps partie. Le collègue sous les ordres duquel j'étais placée s'en chargerait et s'en approprierait la paternité. J'étais quand même priée de les commenter avant de les lui remettre pour lui simplifier la tâche.

Le rapport fut oublié et enterré. Il ne présentait aucun intérêt et n'était d'aucune utilité. Il s'avérait plus simple et moins coûteux de supprimer l'accès au service aux mauvais payeurs en interrompant leur ligne que de les poursuivre pour des sommes mineures ; c'était un fait établi et une procédure mise en place depuis longtemps ; la mission qu'on m'avait confiée n'était qu'un leurre pour me tester et achever de me discréditer.

Le coupeur de têtes avait gagné, je lâchai prise. Celle qui avait eu le mauvais goût de naître femme et l'impertinence de vouloir être cadre dirigeante d'un service dédié à l'humain dans une administration en voie de privatisation qui n'avait plus cure de ce facteur déposait les armes.

Je décrochai mes deux marines de mes murs gris et abandonnai mon fauteuil crevé.

Sans que Madame la secrétaire très particulière ne me l'eût suggéré, j'entrai de moi-même dans la dernière phase du « schéma des étapes de deuil » en allant consulter mon médecin. Devant lui, je n'avais plus à faire semblant pour sauver la face. Il prit la juste mesure de mon effondrement et je quittai son cabinet avec un congé de maladie et une longue liste d'antidépresseurs.

Après quelques renouvellements de mon arrêt de travail, pourtant confirmés par la médecine du même nom, le harcèlement reprit par l'intermédiaire, cette fois, du service médical de l'entreprise, puis d'un sous-chef, puis d'un chef des ressources humaines, et enfin d'un directeur opérationnel intérimaire. Le vrai avec lequel j'avais collaboré avait été déplacé pour m'avoir soutenue et souvent incitée à conduire des opérations et à effectuer des investissements qui servaient les intérêts du personnel, mais coûtaient de l'argent.

J'étais « retraitable ». Quand allais-je me décider à m'en aller ?

Malgré l'avis des spécialistes qui me soignaient pour une dépression profonde, mes tourmenteurs délégués déclaraient que je n'étais pas malade ; je n'étais qu'une simulatrice.

Face à leurs certitudes réitérées, j'en venais à douter. Mon orgueil alimentait-il ma résistance ? Voulais-je à tout prix être plainte puisque je ne pouvais plus être admirée ? Je ne savais plus qui j'étais, comment je fonctionnais. Mon passé professionnel conjugué à mon vécu privé me culpabilisait, mon présent était une nébuleuse d'alcool et de médicaments, je n'avais plus de raisons de vivre un avenir.

Je tins bon quelque temps, puis laminée par leur insistance à m'appeler au téléphone, à mon domicile à n'importe quelle heure pour s'assurer de ma présence, et me tenir le même discours, je décidai d'obéir en demandant ma mise à la retraite anticipée. C'en était fini de ma belle carrière !

Comme l'avait prédit mon ami, je ne fus pas la seule à être limogée, d'autres suivirent. Certains, persuadés par l'entreprise d'être des inadaptables, socialement inutiles, développèrent un irréductible sentiment de culpabilité qui leur ôta toute clairvoyance à propos des vraies raisons de leur éviction. Ils n'avaient failli en rien, ils n'étaient que des victimes d'un système qui nécessitait de sacrifier l'humain au progrès et au profit. Pour ne pas l'avoir compris, s'être disculpés et ne pas pouvoir tourner la page, ils y laissèrent leur vie à bout de désespoir.

Je suivis un temps, leur cheminement de pensée, roulée dans des vagues de désespoir qui m'arasaient. Je résistais grâce à la pharmacopée et au whisky qui faisaient mauvais ménage, mais m'empêchaient de penser.

Heureusement, j'ai le goût de la vie. De plus, un événement familial autrement plus douloureux me frappa ; mon plus jeune fils ayant été victime d'un accident. L'aide que je me devais de lui apporter requit toute mon énergie. Il avait besoin de moi, je ne pouvais pas me défiler.

FIN

Biographie

Fille de paysans, Michèle Arnaud est née à Marsac-sur-Don, une commune de Loire-Atlantique, située à 30 km de Redon, porte de la Bretagne, en 1939. À cette époque, la terre était traditionnellement réservée aux fils, les filles n'avaient d'autre choix que de se marier ou de construire leur avenir ailleurs.

Élevée par une femme de pouvoir, sa mère, et par deux tantes vivant en compagnonnage, aujourd'hui on dirait sous le régime du P.A.C.S., son éducation eut pour fondements l'autonomie et la réussite professionnelle. Ce qui excluait tout rêve d'écriture considéré comme une inutile perte de temps.

Après des études secondaires à Nantes, la voilà donc lancée, malgré son état d'épouse et de mère de famille, dans la course aux concours permettant une ascension rapide dans l'administration. Le challenge d'être à la fois, femme, épouse et mère fut souvent difficile et périlleux pour son équilibre familial, d'autant plus qu'il comportait une fréquente obligation de mobilité géographique.

Responsable des services sociaux au sein de France Télécom à Nantes, elle devint, comme le souhaitaient ses éducatrices, une femme de pouvoir et de réussite.

C'est alors qu'il lui fallut encaisser deux chocs frontaux.

Le premier fut sa mise au placard. Victime des mutations de l'entreprise et du sexisme de sa hiérarchie, elle perdit ses repères, ses certitudes, et sa situation obtenue à force d'opiniâtreté, à une époque où les femmes devaient se battre pour obtenir les postes à responsabilité réservés aux hommes. C'est pour elle l'occasion de tourner la page et d'entrer en écriture. Retour à son rêve de jeunesse et nouveau défi.

En prise directe avec la discrimination faite aux femmes, elle publie cinq romans traitant de leurs parcours à handicaps tant professionnels qu'amoureux.

Le second choc s'avéra être beaucoup plus douloureux, car si le premier l'atteignait dans sa dignité, voire son orgueil, le second touchait son amour maternel.

À la suite d'un traumatisme crânien, l'un de ses fils devint handicapé à l'âge de vingt-deux ans.

De le voir souffrir du regard des autres et supporter une autre forme de discrimination : celle qu'engendre le handicap la porta à en témoigner en écrivant *Ruptures*.

Cette souffrance partagée et la lutte qu'elle mena avec son fils pour qu'il puisse retrouver une vie sociale et professionnelle furent à l'origine de son engagement dans la vie associative.

S'aidant de ses anciennes compétences professionnelles, elle aida à se reconstruire des jeunes touchés par la maladie.

Les associations furent pour elle, des creusets d'idées, de chantiers et d'amitié. Elle y nourrit son écriture d'autres vécus.

C'est dans ce contexte qu'elle rencontra Christophe Sauvé, *rachaï* (prêtre) des gens du voyage, lui-même d'origine manouche.

Lorsqu'il lui demanda d'écrire son histoire et celle de son peuple, elle accepta. Cette population apparue en Europe à la fin du Moyen Âge, issue du sous-continent indien et jetée sur les routes à la suite des guerres et des famines, qui gardait jalousement une culture empreinte de nomadisme, sollicitait son imaginaire. Elle leur consacra deux ouvrages dont l'un reçut le prix Solidarité.

Un passage dans l'Aude et notamment à Rennes-Le-Château lui inspira *Les Filles d'Emma*. Comment résister au mystère du trésor des cathares qu'on dit enfoui dans ses collines ? Comment ne pas être sensible aux amours hypothétiques du sulfureux abbé Bérenger Saunière et de la diva Emma Calvé ? Michèle Arnaud en a fait une réalité dans un roman passionnant et plein de suspense.

Retour aux femmes et à leur vécu : *L'héritage du sang* pourrait aussi s'intituler : *Trois femmes dans la tourmente.*

Nantes est restée la « ville de cœur » où l'auteur va se ressourcer, mais c'est au Croisic qu'elle vit et qu'elle écrit. Rien ne vaut une balade sur les chemins de la presqu'île pour faire émerger l'idée d'un nouveau roman et pour décider de sa mise en œuvre.

Bibliographie

– *Au temps des cerises entre Loire et Vilaine,* Éditions de L'Ouest, 1990.
Récit.
– *La Drive.* Ouest Éditions, 1992.
Roman. Prix des Arts et des Lettres de la ville de Cholet, Maine-et-Loire.
– *Profil perdu,* Ouest Éditions, 1994.
Roman. Reconnaissance des Écrivains de France.
– *Chante Beau Merle,* Ouest Éditions, 1997.
Roman.
– *J'ai rendez-vous avec vous,* Éditions du Petit Véhicule, 2000.
Roman.
– *Ruptures,* Éditions Anne Carrière, 2002.
Récit.
– *Latcho Drom,* Éditions Siloë, 2009.
Roman. Prix Solidarité, 2011.
– *Voie traversière,* Éditions Siloë, 2010.
Roman.
– *Femmes aux semelles de vent,* Éditions Siloë, 2012.
Roman.
– *Les Filles d'Emma. L'ombre d'une diva,* Éditions Publilivre, 2016.
– *L'Héritage du sang*, Evidence Editions, 2019

Mentions légales

ISBN : 979-10-348-1376-6
ISSN : 2553-2626

Evidence Editions
ZAI Bel Air
17230 Andilly

Site Internet : www.evidence-editions.com
Boutique : www.evidence-boutique.com

Dépôt légal avril 2020

Achevé d'imprimer chez SoBook le 23-06-2020

Linselles - France

N° impression : 632 925